三国志
研究家の知られざる狂熱

渡邉義浩

ワニブックス
|PLUS|新書

はじめに

本書では、「三国志」の研究をするまでのわたしの来し方や、そののちに考えたことなどをまとめています。

「三国志」の時代は、三世紀の前半、わずか六十年あまりに過ぎません。

しかし、この時代は中国の「古典国家」である漢帝国が崩壊した、中国史上の一大変革期なのです。三国の成立より少し遅れて、日本は卑弥呼《ひみこ》の時代を迎え、こちらも大きな変革期を迎えていました。

動乱期に現れた数多の君主や武将、そして軍師たちは、志を実現しようと、それぞれの信念に基づいてしのぎを削りました。かれらの「生き方」は、それぞれの志に基づいて、実に多様でした。

後世のわたしたちは、軍師として無類の智謀を誇る諸葛亮《しょかつりょう》が、劉備《りゅうび》に忠義を尽くす生涯に感銘を受けるのもよいでしょう。また劉備と関羽《かんう》・張飛《ちょうひ》の君臣関係を超えた情義に涙する人、あるいは曹操《そうそう》が稀代の悪役として見せる溢れる才能に喝采をおくる人がいるかもしれません。

それぞれの感性によって好きな人物に肩入れし、自分なりの「三国志」像を結んでいける、そうした懐の深さこそ「三国志」を読む醍醐味といえます。

しかしながら、ただ読むだけでは「三国志」の研究にはなりません。研究をするためには、古典中国語で書かれた『三国志』の内容を理解する読解力、自らの主張を論理的に説明する表現力、そして問題を発見していく独創性が必要です。

前二者は、訓練により身につけることができますが、問題を発見する独創性は、そうはまいりません。それには、自分が「三国志」の何に興味を持ち、それをどのような方法で明らかにするのか、という問題意識が重要となります。

問題意識を養うのは難しいことです。わたしは、それを確実に養成できる方法論を持っていません。ただ、なるべく広い視野を持ち、いろいろな主張を聞くことが有効であることはわかります。また、たとえ自分で研究を志さなくとも、われわれ研究者が何を問題と考えながら、研究をしているのかを知っていただきたいと思います。

そのために本書では、わたしの「三国志」に関する主張が、どのような問題意識で醸成されてきたのかを説明してまいります。


本論に入る前に、予備知識として、「三国志」には大きく分けると、次の二種類があることを知っておいてください。

一つは、西晉《せいしん》の史官である陳寿《ちんじゅ》が、三世紀後半に著し、のちに正史と位置づけられた『三国志』です。もう一つは、元末から明《みん》初の小説家とされる羅貫中《らかんちゅう》が、十四世紀後半にまとめた『三国志演義』という歴史小説です。

この二つの「三国志」のうち、日本のみならず中国においても、一般的な知識の源になっているのは『三国志演義』、およびその影響下に成立した物語りとしての「三国志」です。わたしが最初に触れたのも、もちろん後者でした。

物語りとしての「三国志」には多くの種類があります。『李卓吾《りたくご》先生批評三国志』（以下、李卓吾本『三国志演義』）を種本として改変を行い、中国での完成版となる『毛宗崗《もうそうこう》批評三国志演義』（以下、毛宗崗本『三国志演義』）。李卓吾本『三国志演義』を湖南文山《こなんのぶんざん》が超訳した『通俗三国志』。『通俗三国志』を種本とした吉川英治の『三国志』。日本でもっとも読まれている横山光輝の『三国志』は、吉川英治の『三国志』を種本とします。

けっこう複雑ですよね。

それでは、まずは第一章で、わたしが出会った順にさまざまな「三国志」を取り上げ、それぞれの特徴を確認することから始めていきましょう。

三国志　研究家の知られざる狂熱

目　次

2. 儒教国家論　97

3. 名士論　114

第一章　『三国志』にもいろいろある

1. 横山光輝『三国志』

母のいる三国志

わたしと「三国志」の最初の出会いは、横山光輝による漫画『三国志』でした。中学入学前後、児童向け雑誌『希望の友』の連載が単行本になり、初版で読みました。次の巻が出るのが待ちどおしかったことを覚えています。

長い時間がかかりましたが、五十九巻まで読み終えたとき、諸葛亮の悲運に涙しました。五丈原で諸葛亮が星を見ている場面は、今でも脳裏に焼きついています。

横山『三国志』は、洛陽船《らくようせん》の到着を待ちつつ黄河を見る劉備の描写から始まります。後漢（二五〜二二〇年）の都であった洛陽は、日本で京都のことを「洛」と呼ぶように、「古典中国」の王城の地でした。劉備は、当時貴重品であったお茶を母に買い求めるために、黄河を眺めながら洛陽船を待っていたのです。

五丈原で星を見る孔明(横山光輝 大判『三国志』21巻243p)

陳寿が著した史書の『三国志』には、お茶を飲む記録はありません。しかし、三国を統一した西晋に仕える張載《ちょうさい》が、お茶を称える詩を書いていますので、後漢末に洛陽の高官がお茶を嗜んでいた可能性はあります。

「三国志」に劉備の母が登場するのは、吉川英治の『三国志』とそれを承けた横山『三国志』のみで、劉備の母の物語は吉川英治の創作です。『三国志演義』を翻訳した立間祥介先生は、「おまえの三国志は偽物だ。劉備の母が出てこないじゃないか」と批判された、とおっしゃっていました。それほど、吉川『三国志』と横山『三国志』の影響力は大きいのです。

劉備は、一年間まじめに働いたお金で買ったお茶を、黄巾《こうきん》に奪われます。しかし、張飛が奪還してくれたので、先祖伝来の剣をお礼とします。ところが、母は喜ぶどころかお茶を投げ捨て、家宝の剣を手放したことを叱責し、劉備が前漢の中山靖王劉勝《ちゅうざんせいおうりゅうしょう》の末裔《まつえい》であることを告げるのです。

孝養を尽くす息子に感謝しながらも、心を鬼にして劉備を叱る母の姿には、「孟母断機」の話が重なります。劉向《りゅうきょう》の『列女伝』に描かれた「孟母断機」とは、孟子の母が、学業半ばで帰ってきた孟子に、織っていた機《はた》を断ち切り、学問を途中で放棄したことを戒める故事です。

本心を隠して子へ訓戒する母。横山『三国志』は、東アジアの古き良き母親像を描くことで、その訓戒のもとに育った劉備の人柄を表現しているのです。

劉備の人柄を見込んで黄巾に誘った馬元義《ばげんぎ》は、その理想を語ります。黄巾には、黄巾の志があったのです。

長らく横山光輝の担当編集者であった岡谷信明さんは、横山『三国志』を中国で出版しようとした際に、黄巾を「賊」とする表現が問題になった、とおっしゃっています。農民「起義《きぎ》」（反乱とは呼ばず、国家の悪政に対する挙兵を「義」と意義づける表現）により国を建てた中華人民共和国では、黄巾は自らに先行する「起義」の一つでした。

横山『三国志』でも、劉備や関羽・張飛の口から、役人の腐敗が黄巾の原因であると語られています。劉備は、国の乱れを正すために、立ちあがったのです。

武将たちの戦争絵巻

横山光輝は、学校の図書館で吉川英治の『三国志』を読んだことが「三国志」への関心のルーツであったと述べています。「武将たちの戦争絵巻」を目指したという横山『三国志』は、吉川『三国志』と同じく、諸葛亮の死後、急速に物語を終わらせます。横山『三国志』は、諸葛亮と曹操を中心に描く吉川『三国志』の影響を色濃く受けて構築されているので、劉備の母も登場しています。

とはいえ横山『三国志』は、吉川『三国志』をそのまま踏襲しているわけではありません。『三国志演義』あるいは『三国志』や『後漢書』において、後漢を蝕むものとして描かれている宦官《かんがん》(宮中に仕える去勢された男性)は登場しません。これは、主役の一人である曹操の出自とも関わり、横山『三国志』の独自性の一端といえます。

横山『三国志』は、曹操が初登場する場面で、祖父曹騰《そうとう》が宦官であることを記していません。実は、吉川『三国志』にも、吉川が種本にした湖南文山の『通俗三国志』にも、宦官の孫であるとの記述はありません。それは、湖南文山が、翻訳の底本とした李卓吾本『三国志演義』の曹操の冗長な出自話を嫌って省いたことに由来します。それでも、吉川『三国志』では、曹操死去の場面でようやく出自に言及し、宦官の孫であることを明らかにしています。

横山『三国志』は、曹操の祖父に限らず、すべての宦官を作中に描いていないことが大きな特徴となっています。単行本二十巻までが児童向けの雑誌に発表されたこともあり、品行方正な表現を心がけたのではないかと考えられます。

あるいは、横山『三国志』が目指した「武将たちの戦争絵巻」の主人公である曹操の出自が宦官であることを避けようとしたとも考えられます。そうした工夫は、貂蟬《ちょうせん》と呂《りょ》布《ふ》の記述にもみてとれます。

呂布の男らしさを守る

「三国志」のなかで、個人として最強の男は呂布です。史書や『三国志演義』系の物語でも同じです。

当時の人々は（軍中）語をつくり、「人中に呂布あり、馬中に赤兎《せきと》あり」と称した。

『三国志』巻七 呂布伝注引『曹瞞伝《そうまんでん》』

軍中語とは、軍隊のなかで行われた人物評価です。この言葉は、呂布が袁紹《えんしょう》を助けて、黒山《こくざん》の張燕《ちょうえん》と対戦したときの勇姿を愛馬の赤兎馬と共に称えたものです。

一方、『三国志演義』では、張飛・関羽・劉備の三人を敵に回して戦う虎牢関《ころうかん》の戦いから、呂布の強さを窺い知ることができます。

呂布をくい止めた者は、丈八《じょうはち》の蛇矛《だぼう》を手にした張飛であった。張飛は呂布と五十回以上も打ち合ったが、勝負がつかない。これを見た関羽は、八十二斤の青龍偃月刀《せいりゅうえんげつとう》を舞わせて、呂布を挟み討ちにした。三頭の馬が丁字形になって攻め合い、三十回も打ち合ったが、呂布を打ち負かせない。劉備は二本の剣を抜くと、黄色いたてがみの馬を走らせ、斜めから切り込んで加勢した。三人は呂布を囲み、回り灯籠のように力を合わせて戦った。形勢不利とみた呂布は、劉備に脅しの一撃を加え、劉備がかわすところを馬を飛ばして退却し、虎牢関に逃げ込んでいった。

毛宗崗本『三国志演義』第五回

戦いそのものは呂布が退却しているので、劉備・関羽・張飛の勝利なのですが、三人を同時に相手にした呂布の武力に圧倒されます。

呂布の武力により董卓《とうたく》を打倒するため、後漢の司徒（三公と総称される三人の宰相の一人）である王允《おういん》の立てた計略が「美女連環の計」です。史書には、架空の人物である貂蝉を利用した計略は、当然ながら記されていません。

董卓と呂布がともに好色漢であることに目を着けた王允は、歌姫の貂蝉を使い、二人の仲を引き裂きます。王允に誘われた呂布は、董卓を討つことを決意します。王允が作った偽の詔で呼び寄せられた董卓は、呂布に殺害されます。『三国志演義』では、貂蝉はこののち呂布の妾となります。

吉川『三国志』の貂蝉像の真髄は、「美女連環の計」を成し遂げた貂蝉が自刃することにあります。「獣王の犠牲」になった肉体を「彼女自身のもの」にするため、すなわち貞節を守れなかった自らを取り戻すために自殺するのです。ここには、日本の戦時中の貞操観念が色濃く反映されています。

横山『三国志』も、貂蟬が自刃する場面を吉川『三国志』から継承しています。一九七〇年代の日本は、まだ貞操観念が強かったからでしょう。

ただ、横山『三国志』の自刃した貂蟬は、安らかな表情をしています。そこには、「貞節を守れ」という圧力に屈して死んだことが微塵も感じられません。王允に報いるための命懸けの計略を成功させ、目的を果たしたという、充足感に満ちています。横山『三国志』は、自刃した貂蟬の表情により、凛としたその生き様を描いたのです。

また、吉川『三国志』では、貂蟬の死を諦めきれない呂布が、貂蟬に似た女性を「貂蟬」と名付けて寵愛するという虚構が加えられています。下邳城で包囲された呂布は、側近を信頼せず、「日夜酒宴に溺れて、帳にかくれれば貂蟬と戯れ、家庭にあれば厳氏《げん》や娘に守られて」いました。

そして、ついには三国一の武勇を誇ったはずの猛者は、曹操の捕虜となります。ここには、未練がましい男は滅ぶという戦時中の日本の男性観が反映されています。女々しい呂布の末路は、愛欲に溺れた人間がたどる破滅への道だったのです。

「武将たちの戦争絵巻」としての『三国志』を目指した横山光輝は、吉川『三国志』の偽の貂蟬に溺れる呂布像を継承していません。三国一の武勇を誇る呂布が女々しければ、「武将たちの戦争絵巻」は精彩を欠くからです。

横山『三国志』は、自刃する貂蟬の凛々しさと、呂布の武勇とを完全に描きました。日本で、三国一の美女貂蟬、三国一の猛者呂布の人気が高い理由はここにあります。

2. 吉川英治『三国志』

曹操を英雄視

わたしは、横山『三国志』を読み、諸葛亮の悲運に涙しましたが、子どものころから理数系が好きで、高校一年のときには文学部に進もうとは考えていませんでした。ところが高校二年の夏、父の持つ歴史小説を読みあさるなかで、吉川英治の『三国志』に出会ったのです。

感動したのは、やはり諸葛亮の悲運でした。そして、進路を変えることにしたのです。「三国志」の勉強がしたいと思いました。

ただし、当時は、「三国志」の研究者になりたいとは思っていませんでした。「三国志」の研究とは、どのように行うものかを知る術《すべ》がなかったからです。

高校三年になると、大学で「三国志」の勉強をして高校の教師になろうと考えていました。当時、国立大学と私立大学では学費に大きな差があり、国立大学を選択せざるを得ませんでした。始まったばかりの共通一次と呼ばれた試験の二回目を受験しました。そのころは国立大学が独自に一次試験、二次試験を実施していたころの雰囲気がまだ少し残っているところでした。

それは、受験者自身が偏差値に応じて大学を選ぶのではなく、大学ごとの特徴で進路を選択するという慣習です。官僚を目指すなら東京大学、経済を学びたければ一橋大学、高校教員になるのであれば筑波大学（もとの東京教育大学）、マスコミで働くなら早稲田大学、などという考え方です。

わたしが在学していた都立三田高校は、東京教育大学出身の先生方が大半を占めていました。高等師範学校からの流れを汲む筑波大学には、『大漢和辞典』（当時世界最大の漢和辞典）を編纂した諸橋轍次《もろはしてつじ》先生の薫陶が根づいている、と教えられました。

吉川『三国志』の影響を受けたわたしは、「三国志」の勉強をして高校の教師になるために、筑波大学第一学群人文学類に進学しました。

吉川英治の『三国志』は、わたしだけではなく、日本における「三国志」の受容に大きな影響を与えました。「智絶」（智のきわみ）の諸葛亮、「奸絶」（奸のきわみ）の曹操、「義絶」（義のきわみ）の関羽のうち、毛宗崗本『三国志演義』は、関羽を第一に尊重します。

これに対して吉川英治は、諸葛亮と曹操という二人の英雄を中心に『三国志』を描きます。吉川は『三国志』の「篇外余録」に、次のように述べています。

劇的には、劉備、張飛、関羽の桃園義盟《とうえんぎめい》を以て、三国志の序幕はひらかれたものと見られるが、真の三国志的意義と興味とは、何といっても、曹操の出現からであり、曹操がその、主動的役割をもっている。

しかしこの曹操の全盛期を分水嶺として、ひとたび紙中に孔明《こうめい》の姿が現われると、彼の存在もたちまちにして、その主役的王座を、ふいに襄陽《じょうよう》郊外から出て来たこの布衣《ほい》の一青年に譲らざるを得なくなっている。

ひと口にいえば、三国志は曹操に始まって孔明に終る二大英傑の成敗争奪の跡を叙《じょ》したものというもさしつかえない。

この二人を文芸的に観るならば、曹操は詩人であり、孔明は文豪といえると思う。

吉川英治が、曹操を「詩人」とするのは、曹操が建安文学を政治的に宣揚した文学者であるだけではなく、曹操が『三国志』の主役であることを示しています。

吉川は「三国志には詩がある」と言います。その詩を奏でる英雄こそが曹操なのです。曹操を「奸絶」として悪辣に描く毛宗崗本『三国志演義』とは違って、吉川は時代を切り開く曹操の革新性を高く評価したのです。

一九八二年からNHKテレビで放映された「人形劇・三国志」に人形を提供した川本喜八郎も、最初に吉川英治の『三国志』を読んだと言います。

川本がいちばん好きな登場人物は曹操です。「演義では曹操は悪人ですが、吉川英治先生の作品のなかでは、決して悪人としては描かれていません。それどころか、とても魅力的な人物として登場しています。吉川先生のおかげで、曹操もずいぶん復権したのではないでしょうか」と述べています（『よみがえる三国志伝説』別冊宝島編集部、一九九九年）。

あるいは、一九九四年から連載が始まった、原作李學仁《イハギン》・作画王欣太《キングゴンタ》の漫画『蒼天航路』は、曹操を悪としない『三国志』を描きます。吉川『三国志』の特徴である曹操の主役視を色濃く継承した作品といえるでしょう。

日本の三国志の伝統を継承

吉川英治の『三国志』は、一九三九年八月二六日、「中外商業新報」（現在の日本経済新聞）など五紙で連載が開始されました。同年五月一一日にノモンハン事件、九月一日に第二次世界大戦が勃発します。日本はすでに、泥沼化した日中戦争の最中でした。吉川は、盧溝橋事件直後の一九三七年八月二日から、毎日新聞社の依頼で華北の戦線をまわり、翌年秋には漢口作戦に従軍しています。

尾崎秀樹《ほつき》「悠久の流れ」（『吉川英治全集』月報2、一九六六年）は、「そのおり体験した戦争の非情な素顔と、中国の人と土地に対する認識」が、二年後に筆をとった『三国志』のなかに、「強烈な色調を添えたにちがいない」としています。

吉川英治は、序文の中で次のように『三国志』の特徴を述べています。

三国志には、詩がある。

単に厖大《ぼうだい》な治乱興亡を記述した戦記軍談の類《たぐい》でない所に、東洋人の血を大きく搏《う》つ一種の諧調《かいちょう》と音楽と色彩とがある。
三国志から詩を除いてしまったら、世界的といわれる大構想の価値もよほど無味乾燥なものになろう。

吉川『三国志』の影響を受けたという横山『三国志』が目指した、「武将たちの戦争絵巻」を吉川は否定しています。

吉川英治は「三国志」を戦記や軍談とは捉えていません。「三国志」を一大叙事詩と位置づけているのです。

また、序文では、次のようにも述べています。

見方によれば三国志は、一つの民俗小説ともいえる。三国志の中に見られる人間の愛欲、道徳、宗教、その生活、また、主題たる戦争行為だとか群雄割拠《ぐんゆうかっきょ》の状などは、さながら彩《いろど》られた彼の民俗絵巻でもあり、その生々動流《せいせいどうりゅう》する相《すがた》は、天地間を舞台として、壮大なる音楽に伴って演技された人類の大演劇《だいドラマ》とも観られるのである。

吉川は、「三国志」を叙事詩とするだけではなく、「人類の大演劇」ともしています。そして、その時代に止《とど》まらない「一つの民俗小説」であると言うのです。

こうした吉川の「三国志」観を培ったものは、幼少期からの読書でした。吉川は、同じく序文の中で、その原本について、次のように述べています。

原本には「通俗三国志」「三国志演義」その他数種あるが、私はそのいずれの直訳にもよらないで、随時、長所を択《と》って、わたくし流に書いた。これを書きながら思い出されるのは、少年の頃、久保天随氏の演義三国志を熱読して、三更《こう》四更《こう》まで燈下にしがみついていては、父に寝ろ寝ろといって叱られたことである。

萱原《かやはら》宏一「〝三国志〟のころ」(『吉川英治全集』月報2、一九六六年)には、『三国志』を書くことは、吉川の「長い間の宿志」であり、「吉川家の草思堂《そうしどう》文庫には、背皮の帝国文庫があったが、その中の〝三国志〟と〝水滸伝〟は目立ってボロボロになっており、何度も繰り返して愛読された証拠の、手沢《しゅたく》をとどめていた」(ルビは筆者)とあ

吉川英治記念館（草思堂）

ります。

帝国文庫の『三国志』とは、湖南文山の『通俗三国志』の活字本です。

それでは、吉川英治に影響を与えた湖南文山・久保天随は、どのような「三国志」を描いていたのでしょうか。

『三国志演義』の完訳は、順治七（一六五〇）年の序を持つ満州語版が世界最初となります。

『通俗三国志』は、それに次ぐ二番目の完訳で、元禄四（一六九一）年九月に、西川嘉長の賛助を得て、京都の栗山伊右衛門によって刊行されました。

訳者は「湖南の文山」と号していますが、

『絵本通俗三国志』

その詳伝は明らかではありません。翻訳に使用した底本は、幸田露伴「新訂通俗三国志解題評説」（『通俗三国志』日本文芸叢書、一九一一年）により、毛宗崗本『三国志演義』ではなく、それを底本とした李卓吾本『三国志演義』であると明らかにされています。

上田望「日本における『三国演義』の受容」（『金沢大学中国語学中国文学教室紀要』九、二〇〇六年）によれば、『通俗三国志』の普及に大きな役割を果したのは、天保七（一八三六）年から十二（一八四一）年にかけて刊行された『絵本通俗三国志』（八編七十五冊）であるとされています。

この本の重要性は、葛飾戴斗二世が描いた

四百葉を超えるオリジナルの挿絵にあります。

戴斗二世は、名を近藤文雄、俗称を伴右衛門といい、葛飾北斎に師事しました。画姓は葛飾、戴斗という画号は師の北斎が十年近く用いた号で、これを文政二（一八一九）年に譲り受けています。その画風は、中国書への挿絵であるにもかかわらず、和風であることを特徴としています。

一方、久保天随（得二）は、明治四十五（一九一二）年に、日本で初めてとなる毛宗崗本の完訳『新譯演義三國志』を公刊しました。久保はその中で、李卓吾本と毛宗崗本の優劣を論じて、「李卓吾本のほうが原本に近いかもしれないが、文章としては整理された毛宗崗本がよい」と述べています。

現代中国への視座を反映

吉川英治は、湖南文山訳の李卓吾本、久保天随訳の毛宗崗本、二つの『三国志演義』を熟読玩味したうえで、「三国志」に自らの創作を加えているのです。

吉川『三国志』は、劉備が黄河の川面を見つめる場面より始まります。

年の頃は二十四、五。
草むらの中に、ぽつねんと坐って、膝をかかえこんでいた。
悠久《ゆうきゅう》と水は行く――

毛宗崗本『三国志演義』も、冒頭に川を歌った詞を掲げています。

滾滾《こんこん》たる長江　東に逝く水
浪花《なみのはな》に英雄を陶尽す　……

くらべてみると、両者の川が異なることに気がつきます。吉川が黄河から『三国志』を始めたのは、劉備の故郷涿州《たくしゅう》が北にあるからだけではないでしょう。

吉川は、中国人の民俗性を「平時にあっては温柔広濶」で、あるときには「狂激な濁浪を上げ」る「黄河の水」にたとえています。「狂激な濁浪」という表現には、戦争中の日中関係の反映がみてとれます。
ただし吉川は、その「両面のどっちも支那なのである」とし、序文において、次のように述べています。

だから、現代の中国大陸には、三国志時代の治乱興亡《ちらんこうぼう》がそのままあるし、作中の人物も、文化や姿こそ変っているが、なお、今日にも生きているといっても過言でない。

吉川英治は、三国志の人物が、今日に生きている、と言っています。約千八百年前の中国を描いた吉川『三国志』には、現代中国への視座が確実に存在しているのです。
われわれが、吉川『三国志』に出てくる人間像を古く感じないのは、大衆作家吉川英治が現代の視座を前提として、歴史小説を描いているからなのでしょう。

3.『三国志演義』

関羽を特別視

わたしは、筑波大学の七期生にあたります。生まれて初めての独り暮らしをした当時は、まだ常陸野の面影が残り、歩いて行ける外食屋さんも限られていました。そんな環境のなか、本ばかり読んで暮らしていました。とりわけ、平凡社の「中国古典文学大系」という全六十巻の叢書は、読みごたえがありました。

この叢書は、中国近世の白話小説が充実しています。『三国志演義』『水滸伝』『西遊記』『金瓶梅』の「四大奇書」（世に稀なほど優れた四つの小説）をはじめ、『紅楼夢』などの長編小説が収められているからです。すべて読了しましたが、結局『三国志演義』が一番おもしろいと感じました。日本では、『水滸伝』や『西遊記』も人気なのですが、創作部分が多すぎるように思え、物語世界に没入できませんでした。

『三国志演義』は、横山『三国志』や吉川『三国志』と比べたとき、関羽の特別視が気になりました。

東京の南、大田区で生まれ育ったので、横浜にはよく出かけました。今のように巨大ではありませんが、中華学校の片隅にあった関帝廟も見ています。関帝への信仰は知っていましたが、諸葛亮を押し退けるような関羽の特別扱いは、どうにも鼻につきました。

中国近代小説の祖である魯迅も、『三国志演義』の中で関羽の義が最もよく描かれる「義もて曹操を釈《はな》つ」の場面に、同様の感想を述べています。

赤壁で敗れた曹操は、退路を予測していた諸葛亮の伏せた趙雲《ちょううん》・張飛によって散々に打ち破られ、華容道《かようどう》で関羽の待ち伏せにあいます。兵が疲弊の極にあった曹操は、死を覚悟しました。

ところが程昱《ていいく》は、かつて関羽にかけた恩に縋るべきだと勧めます。

曹操はうなづき、直《ただ》ちに馬を進めると雲長《うんちょう》（関羽）に会釈して言った、「将軍には、その後お変わりないか」。雲長も会釈を返して、「このたびは軍師の命により久しく丞相をお待ちいたしておりました」。「わたしはこのたびの合戦に敗れて兵を失い、かかる窮地に至ったが、将軍には昔日《せきじつ》の情義に免じて、この場を見逃してほしい」。「わたしは丞相の厚恩を蒙ったことはありますが、すでに顔良《がんりょう》・文醜《ぶんしゅう》を斬って白馬での危地をお救いし、ご恩を報じました。今日は私情は許されませぬ」。

「貴殿が、五ヵ所の関で守将を斬られた時のことをまだ覚えておられるか。大丈夫たる者は、信義を重んじるもの。『春秋《しゅんじゅう》』に造詣の深い貴殿のことゆえ、庾公之斯《ゆこうしし》が子濯孺子《したくじゅし》を追った時のことをご存知であろう（衛《えい》の庾公之斯《くらきみゆきし》は、鄭《てい》の子濯孺子《こたくじゅし》を追い討ちしたが、子濯孺子の肘《ひじ》が悪く弓の引けないことを聞き、また自らの弓の師の師であったため、公私の狭間に悩み、鏃《やじり》を抜き取った矢を四本射かけて引き返した）」。

雲長は、義を重んじること山の如き人であったから、かつての日、曹操から受けた幾多の恩義、そして五関の守将を斬った時のことを思い起こして、心を動かさぬはずはない。その上、曹操の軍勢が戦戦兢々、みな涙を浮かべているのを見ては、惻隠《そくいん》の情を禁じ得なかった。そこで馬首を返すと、「散れ」と手勢に命じた。言うまでもなく、曹操を逃がそうという心からである。曹操は雲長が馬を返すと見るや、間髪を入れず、大将たちと共に一斉に駆け抜けた。

毛宗崗本『三国志演義』第五十回

魯迅は、『中国小説史略』のなかで、「諸葛亮は、曹操がそれで滅びる運命ではないと察知したので、わざと関羽に華容道を警備させておき、しかも、わざと軍法で迫り、軍令状という誓約を立てさせて派遣した。この諸葛亮の描写は、亮を狡猾に見せるだけだが、その結果、関羽の気概は凛然としている」と述べています。

魯迅は、諸葛亮を狡猾に見せる逆効果を生みながらも、関羽の気概を凛然と表現することを『三国志演義』が優先させたと言うのです。なぜ、それほどまでに関羽を尊重するのでしょうか。

『三国志演義』の成立

元代の『三国志平話《へいわ》』などの三国物語をもとに、『三国志演義』をまとめた羅貫中は、元末・明初の戯曲・小説作家とされます。ただし、その経歴はほとんど不明で、知られているのは、太原《たいげん》（山西省太原市）の出身で、湖海散人《こかいさんじん》と号したという程度のことです。

このころは、まだ文筆では生計が成り立ちません。羅貫中にはパトロンがおり、それが同郷の山西商人だったのではないでしょうか。それゆえ、山西商人の守護神として信仰されていた関羽（関聖帝君《かんせいていくん》）が特別扱いを受けているのです。

羅貫中の原作は、最初は抄本《しょうほん》（写本、手書き本）として広まったようです。すでに散逸して序文だけが残る、弘治《こうじ》七（一四九四）年の抄本が、原作に近いと推測されています。こうした抄本をもとに、嘉靖《かせい》元（一五二二）年に『三国志演義』の刊本《かんぽん》（印刷本）が出版されます。『三国志通俗演義《つうぞくえんぎ》』という正式名称を持つ、いわゆる「嘉靖本」です。

嘉靖本の序文には、『三国志平話』などの「評話《ひょうわ》」は、誤りが多いので、陳寿の『三国志』を中心に事実を描くが、それほど難しくないものとして普及を願った、とあります。『三国志通俗演義』は、難しい「三国志」の「通俗」性を高めて普及をはかり、「義」を「演」繹《えき》、押し広めるために書かれたのです。

「義」は、儒教経典の『春秋《しゅんじゅう》』に示された義（行動規範）であり、朱子が『資治通鑑綱《しじつがんこう》

『三国志演義』の諸版本

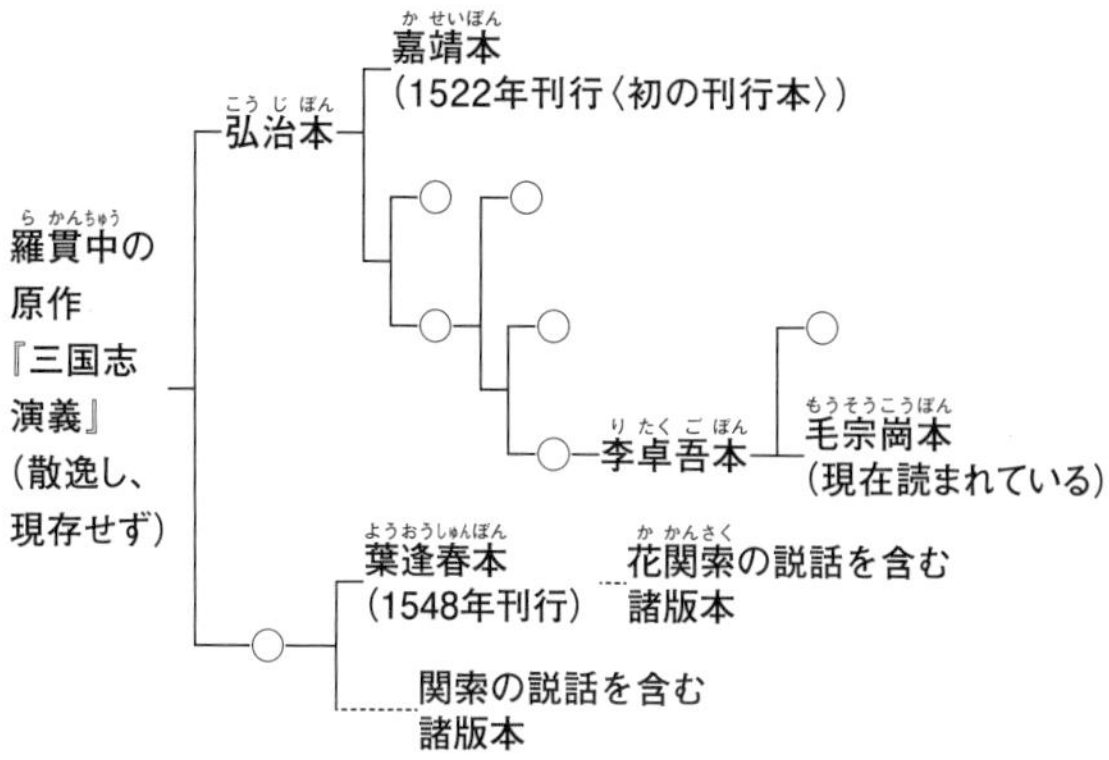

目《もく》』で示した毀誉褒貶《きよほうへん》を判断して勧善懲悪を行うための基準でもありました。曹操が悪玉、劉備は善玉と明確に分けられる理由です。

道徳と歴史の立場から小説の社会的・通俗的効用が説かれる背景には、識字層の拡大と儒教の浸透があります。本を読む人が増え、かれらが朱子学に基づき蜀漢の正統を支持したので、『三国志演義』が需要に応えたのです。

このころから小説も大量印刷されるようになり、多くの版元による出版競争が始まります。その結果、さまざまな内容を持つ、多くの種類の『三国志演義』が出版されました。神として信仰される関羽の死を描かない版本、「三国志」と無関係な花関索《かかんさく》を含む版本、関羽の三男関索の説話を含む版本なども出版されていきます。

清代《しんだい》に毛綸《もうりん》・毛宗崗父子がまとめた毛宗崗本は、嘉靖本の流れを汲む李卓吾本を底本としたうえで、多くの書き換えと評の追加を行いました。これが現代の中国で読まれている『三国志演義』の決定版です。

人物像を一貫させた毛宗崗本

毛宗崗本の成立は、清の康熙《こうき》五（一六六六）年以降とされます。毛宗崗本は、李卓吾本の記事や文章の誤りを正し、不合理な記事を削除し、三国の物語を新たに挿入し、自らの批評を加え、物語の首尾一貫を整えて、『三国志演義』の面目を一新しました。

仙石知子『毛宗崗批評「三国志演義」の研究』（汲古書院、二〇一七年）によれば、毛宗崗本の特徴は、人物像を一貫させたうえで、「義絶」の関羽、「智絶」の諸葛亮、「奸絶」の曹操という「三絶」を物語の中核に据えているところにあります。

主人公である劉備を「仁」の人として物語の中心に置き、聖人君子とすれば、対置する「奸絶」曹操が際立ちます。同時に、「義絶」関羽・「智絶」諸葛亮の活躍も描くのです。「三絶」それぞれの役割を定め、とりわけ「義絶」関羽は、忠義に加えて利他の義・男女の義など、さまざまな「義」を体現している特別な存在として描かれています。

毛宗崗本には、細部に至るまで綿密な表現をめぐらし、社会通念を利用することで叙述に説得力を持たせる、という特徴もあります。諸葛亮に代表される漢への忠義は、貂蟬などの女性の表現に至るまで行き届いています。

あるいは、曹操を異姓養子の子と批判しながらも、史実の劉備が異姓養子の劉封を迎えていることについて、社会通念を背景としつつ、李卓吾本よりも劉封を貶める表現を用いて説明を加えています。

仙石の分析によれば、毛宗崗本は、仁・義・智・孝・忠など朱子学の規範を根底に置きながらも、その時代を生きた知識人層と商人の上層部が共感する時代風潮を表現しています。さらに朱子学が社会に受容されていくときに生じる柔軟な解釈や、朱子学だけでは埋まらない信仰などへの共感が、毛宗崗本を決定版へと押し上げたのです。

また、毛宗崗本は、史実を重視して荒唐無稽な記述や史詩の一部を削除しました。たとえば、李卓吾本が受容された日本には伝わる、次のような「漢寿亭侯《かんじゅていこう》」の物語は削除されています。

関羽は、曹操のもとで功績を立て、寿亭侯に封じられましたが喜びません。それを聞いた曹操は、「漢」の文字を追加して、漢寿亭侯とします。関羽は、曹操が自分をよく理解してくれていると喜んだ、という話です。関羽の漢への忠節と曹操の関羽理解を表現した良い虚構だと思います。

ところが史実では、関羽は「漢寿」という土地に封建された「亭侯」なので、漢の文字を後から足したという物語は史実に反しています。そのために削除されたのです。ただし、毛宗崗本がすべての虚構を廃したわけではありません。

わたしには、物語を史実に近づけた毛宗崗本のほうがしっくりきます。ほかの「四大奇書」の壮大な虚構が鼻についたように、虚構よりも事実に、文学よりも史学に興味関心があるからです。

4. 陳寿『三国志』

不遇だった陳寿の生涯

一九七〇年の安保闘争を頂点とする大学紛争の結果、東京教育大学は廃校とされ、新構想大学として筑波大学が設置されました。東京教育大学の文学部は、抵抗を続けましたが分断されます。史学と哲学は第一学群の人文学類、文学は第二学群の比較文化学類に属することになりました。

わたしは文学にも強い関心がありましたが、史学を学べる人文学類の東洋史学専攻を選びました。教養課程を持たない筑波大学は、入学当初から専攻を選択させる制度をとっていました。

史学専攻なので、史書を原典で読もうと考え、『三国志』を図書館で借りました。『三国志』の本のなかで最良とされてきたものは、南宋の紹興《しょうこう》本（紹興年間に印刷された版本）と紹熙本《しょうき》（紹熙年間に印刷された版本）を組み合わせて影印《えいいん》（写真を印刷）した百衲本《ひゃくのうぼん》（ひゃくとつぼんとも読む）です。

二つの版本を組み合わせた百衲本が、最も古い『三国志』の完本なのです。

大学一年生が、句読点も振ってない百衲本を読むことは無謀でした。そこで、もう少し読みやすい本を探しました。見つけたのが、一九五九年に出版された中華書局本です。

中華書局本の読みやすさの理由の第一は、丁寧な校勘《こうかん》（刊本や写本を比較して、異同を明らかにし、文字の誤りを訂正すること）にあります。中国の本は、宋代まで抄本（写本）で伝わりました。手書きですので、どうしても誤りがあります。とはいえ宋代以降、刊本（印刷本）となってからも、古いものほど間違いが少ないものです。そのため宋版の百衲本が尊重されるのです。

ただし、現在残っているのが清の版本だとしても、基づいている本が百衲本でなければ間違っている箇所が異なる可能性があります。校勘とは、そうした可能性を持つ本を比べて誤りを正し、陳寿の原文に迫っていく仕事といえます。

中華書局本は、百衲本を底本にして、明の北監本《ほくかんぼん》（北京の国子監で印刷）を校刻（校勘して版木を刻むこと）した清の武英殿本《ぶえいでんぼん》（宮中の武英殿で印刷）、明の南監本《なんかんぼん》（南京の国子監で印刷）を校印（校勘して印刷すること）した金陵活字本《きんりょうかつじぼん》、汲古閣本《きゅうこかくぼん》（明末・清初の蔵書家毛晉の善書を印刷）を校刻した江南書局刻本という三種の本により校勘されています。このため百衲本よりも文字の間違いが少ないのです。

第二に、中華書局本は標点校勘本と呼ばれているように、標点附号（句読点や固有名詞に附す傍線や波線）がついています。句読点も傍線・波線も、そのまま信じてはいけない、と今なら言えますが、有ると無いとでは読む速度がまったく異なります。

第三に、中華書局本は活字で組まれています。これも一長一短なのですが、百衲本には異体字（形が異なる漢字）も多く、読み慣れないと苦労します。こうした理由から、中華書局本は読みやすく、少し読めたような気がしました。

覚束ないながら、読み進めていくために、寛文《かんぶん》十（一六七〇）年に刊行され、汲古書院が影印した和刻本（句読点のほか、返り点と送り仮名が付けられている）を参考にしました。これは、高校で習うのとほぼ同じ返り点と送り仮名がついています。

和刻本を中華書局本とつき合わせながら読むことにしましたが、なかなか捗らず、中

蜀書五　三國志三十五

諸葛亮傳第五

諸葛亮字孔明琅琊陽都人也漢司隷校尉諸葛豐後也父珪字君貢漢末爲太山郡丞亮早孤從父玄爲袁術所署豫章太守玄將亮及亮弟均之官會漢朝更選朱皓代玄玄素與荊州牧劉表有舊往依之獻帝春秋曰初豫章太守周術病卒劉表上諸葛玄爲豫章太守治南昌漢朝聞周術死遣朱皓代玄皓從揚州太守劉繇求兵擊玄玄退屯西城皓入南昌建安二年正月西城民反殺玄送首詣繇此書所云與本傳不同玄卒亮躬畊隴畝好爲梁父吟漢晉春秋曰亮家于南陽之鄧縣在襄陽城西二十里號曰隆中身長八尺每自比於管仲樂毅時人莫之許也惟博陵崔州平潁川徐庶元直與亮友善謂爲信然按崔氏譜州平太尉烈子均之弟也　魏略曰亮在荊州以建安初與潁川石廣元徐元直汝南孟公威等俱游學三人務於精熟而亮獨觀其大略每晨夜從容常抱膝長嘯而謂三人曰卿三人仕進可至刺史郡守也三人問其所至亮但笑而不言後公威思鄉里欲北歸亮謂之曰中國饒士大夫遨遊何必故鄉邪　臣松之以爲魏略此言謂諸葛亮爲公威計者可也若謂兼爲已言可謂未達其心矣老氏稱知人者智自知者明凡在賢達之流固必兼而有焉以諸葛亮之鑒識豈不能自審其分乎夫其高吟俟時情見乎言志氣所存既已定於其始矣若使游步中華騁其龍光豈夫多士所能沈翳哉委質魏氏展其器能

汲古閣本『三国志』

国古典語を読むことの難しさを痛感しました。

筑摩書房から現代語訳（今鷹真・井波律子・小南一郎（訳）『三国志』1～3〈一九八二～八九年〉）が出ていることを知ったのは、卒業論文を書いたあとでした。

そのころには盧弼《ろひつ》『三国志集解』（藝文印書館、一九三六年）も手元にあったので、少しは読めるようになっていました。

『三国志』を著した陳寿は、益州《えきしゅう》巴西《はせい》郡安漢《あんかん》県に生まれ、字《あざな》を承祚《しょうそ》と言います。『晉書《しんじょ》』巻八十二 陳寿伝（以下、陳寿伝と略称）によれば、西晉の恵帝《けいてい》の元康《げんこう》七（二九七）年に六十五歳で卒しました。したがって、蜀漢の後主劉禅《りゅうぜん》の建興《けんこう》（蜀漢の元号。以下、三国時代は、その国ごとの元号を用いる）十一（二三三）年の生まれとなります。

陳寿は、同じ巴西郡の譙周《しょうしゅう》に師事し、『尚書《しょうしょ》』・「春秋三伝」（『春秋公羊《くよう》伝』『春秋穀梁《こくりょう》伝』『春秋左氏伝《さしでん》』）を修め、『史記』・『漢書』に精通したといいます（『華陽国志《かようこくし》』巻十一 後賢志 陳寿の条、以下、陳寿の条と略称）。

『尚書』と「春秋三伝」は、儒教経典です。陳寿は、劉備の死去を『尚書』堯典《ぎょうてん》に基づいて「殂《そ》」と表現することで、蜀漢が漢を継承していることを仄《ほの》めかしています。陳寿は、これらの儒教経典を身体化することで、儒教の規制内にある史書の執筆を可能としたのです。

『史記』と『漢書』は、陳寿が『三国志』を著す前に書かれていた「正史」で、『漢書』が高く評価され、広く読まれていました。陳寿が『漢書』だけではなく、『史記』にも精通しているのは、師の譙周の学問を継承しているためです。

譙周は、蜀学《しょくがく》（益州伝統の後漢の儒教）と呼ばれる讖緯《しんい》（予言書）の学を継承して、諸葛亮に評価され、蜀漢の勧学従事《かんがくじゅうじ》（教育担当）となります。譙周の讖緯の学は、本来の蜀学が天文観測に努め、天象の変化によって予言を行うことに対して、歴史のなかから予言を引き出すことが特徴です。譙周は、歴史を究めようとしたのです。

周より前に関する『史記』の記述に疑問を抱いた譙周は、歴史の始まりを明らかにしようとして『古史考《こしこう》』を著しています。

譙周より教えを受けたのち、陳寿は蜀漢に仕えました。東観秘書郎《とうかんひしょろう》・散騎黄門侍郎《さんきこうもんじろう》（陳寿の条）、観閣令史《かんかくれいし》（陳寿法）などに就いたといいます。東観秘書郎・観閣令史は、史書の編纂が職務です。炎興《えんこう》元（二六三）年、蜀漢が滅亡すると、西晉に出仕し、諸葛亮の文集である『諸葛氏集』を編纂します。

『諸葛氏集』は、西晉の建国者である武帝司馬炎《しばえん》から、政治的な理由で高く評価されました。諸葛亮を尊重することは、亮の曹魏への侵攻を防いだ祖父司馬懿《しばい》の功績を顕彰することにつながるのです。曹魏の正統を受け継ぐ西晉において、旧蜀漢臣下の陳寿が『三国志』を執筆できた理由です。

陳寿は、孫呉が平定された後、曹魏と孫呉の史書を参照しながら『三国志』を著しました。

曹魏の史書とは魚豢《ぎょかん》の『魏略』・王沈《おうしん》の『魏書』、孫呉の史書とは韋昭《いしょう》の『呉書』です。蜀漢には、このような藍本《らんぽん》（もとになる本）はなく、陳寿が自ら著したと考えられています。

『三国志』は、高く評価され、「『晉書』を任せたい」と褒められました。『漢書』を著した班固《はんこ》・『史記』を著した司馬遷にも勝ると評された陳寿は、平陽侯相《へいようこうしょう》に任命されます（陳寿の条）。

のちに、母の喪で官を去ったとき、遺言に従って帰葬しなかったことを不孝と貶められ、しばらく官を離れます。その後、太子中庶子《たいしちゅうしょし》に任ぜられましたが、病死しました。決して恵まれた生涯であったとはいえません。

陳寿は曹魏を正統とする『三国志』において、本来は手放しで褒めたたえるべき曹魏を貶めてまで、西晋の正統性を主張しています。

禅譲（平和的に政権を譲ること）の形をとったとはいえ、西晋は武力により曹魏を奪っています。曹魏を守るため司馬氏に抵抗した「忠臣」は、西晋の敵となった「逆臣」でもあるのです。

それでも曹魏を正統とする『三国志』の中で、陳寿は、司馬氏に抵抗した諸葛誕を「逆臣」と位置づけました。「正史」としての曹魏の正統性よりも、自分が出仕している西晋の正統化を優先したからです。そこまでしても、陳寿の生涯は不遇でした。

ここには、当事者の子孫が生き続けるなかで、歴史を描くことの難しさがあります。

正史『三国志』の成立

『三国志』は、書かれた当初から正史であったわけではありません。『史記』から始まる紀伝体の史書を、国家の正統性を示す史書として「正史」と呼ぶのは、唐から始まります。

本紀《ほんぎ》（皇帝の年代記）と列伝（臣下の伝記）から成る紀伝体は、中国に複数の皇帝（世界の支配者、本来は一人しか存在できない）が濫立したとき、誰を本紀に記すのかで、正統を表示します。

陳寿は、魏書三十巻・蜀書十五巻・呉書二十巻という三部構成で『三国志』を著しながらも、魏書にのみ本紀を設けました。曹操が基礎を築き、曹丕《そうひ》が建国した曹魏の正統を示すためです。

蜀漢を建国した劉備も、孫呉を建国した孫権《そんけん》も列伝に記して、形式的には曹魏の臣下として扱っています。これは、歴史事実とは異なります。劉備も孫権も皇帝に即位しているからです。

「正史」は、正しい史実を記録することで「正史」となるわけではありません。歴史事実と異なる記録をしてまで正統を示す史書である「正史」には、偏向が含まれるのです。

しかも『三国志』は、陳寿が一から書き起こした史書ではありません。陳寿が依拠した王沈の『魏書』と魚豢の『魏略』、韋昭の『呉書』も、そのすべてが正しい記述ではないのです。

陳寿の記述が、散逸した『魏書』・『魏略』や『呉書』に基づくことがわかるのは、これらの書籍の一部が、『三国志』の注や類書（一種の百科事典）に引用されて残っているためです。それとの比較により、陳寿の書き方がわかります。

陳寿は、先行する史書に加えて、西晋の史官として、国家が保管する皇帝の制《せい》・詔《しょう》（命令書）や臣下の上奏文を見ることができました。制・詔は、歴代の史官による加筆等が原則としてなされていません。

たとえば、「魏志倭人伝」と呼ばれる『三国志』巻三十 東夷《とうい》伝 倭人の条のなかでは、卑弥呼を親魏倭王《しんぎわおう》とする制書《せいしょ》（皇帝から夷狄《いてき》の王などを任命するための命令書）の信頼性が最も高いのは、そのためです。

陳寿は、そうした史料の中から、残すべき記録の取捨選択や、「春秋の筆法」（『春秋』の義例《ぎれい》に従った毀誉褒貶を含ませた史書の書き方）と呼ばれる歴史叙述により、自らの思いを表現することができました。

たとえば、同じく列伝と位置づけても、蜀漢の旧臣である陳寿は、劉備の死去を「殂《そ》」、孫権の死去を「薨《こう》」と記して、差異を設けています。「春秋の筆法」では、「薨」は諸侯の死去を意味します。

陳寿は「春秋の筆法」を用いて、孫権が皇帝位に即いた正統性を否定しているのです。これに対して、曹魏の諸帝の死去には「崩《ほう》」の字を用い、正統な天子であることを示しています。

一方、劉備の死去を表現する「殂」は、『尚書』で、伝説の聖天子である堯《ぎょう》の死去にもっぱら用いる言葉です。後漢末、漢の皇帝は堯の子孫とされていました。曹魏は、漢魏革命を堯舜《しゅん》革命（堯から舜への理想的な禅譲）に準《なぞら》えて正統化しています。

こうした状況下で、陳寿が劉備の死去を「殂」と表現したのは、表向きは諸葛亮の「出師表《すいしのひょう》」が劉備の死去を「崩殂《ほうそ》」と記したことに依拠しつつも、劉備が堯の子孫、すなわち漢の後継者であることを「春秋の微意《びい》」（明確に書かずに仄めかすこと）により、後世に伝えようとしたからに他なりません。

『三国志』は、陳寿が著してから、南宋（一一二七～一二七九年）で版本になるまで、約一〇〇〇年間の抄本の時代を経ています。

東晉（三一七～四二〇年）の抄本の断片が六種、西域で出土しています。流布して間もない本なのですが、文字が異なる箇所は、中華書局本のほうが、正しい場合が多いのです。これは『三国志』がいかに多くの校勘を受けてきたのかを物語っています。中国、そして日本でも、長く大切に読まれてきた本なのです。

『三国志』の価値を高めた裴松之の「注」

陳寿の『三国志』は、同時代史です。このため、差し障りがあって書けないことも多く、また内容も簡潔に過ぎました。

そこで、劉宋《りゅうそう》（四二〇～四七九年）の文帝《ぶんてい》は、裴松之《はいしょうし》に命じて『三国志』に注をつけることを命じます。こうして元嘉《げんか》六（四二九）年に完成したものが、裴注《はいちゅう》（裴松之の注。以下、裴注と略称）です。

中国史学において、内的・外的な史料批判に基づき、本文の正しさを検証する方法論を自覚的に採用したのは、裴注が最初です。それは、儒教に従属していた「史」が自立していくなかで、自らの方法論を模索する試みから生まれました。

裴松之が完成の際に自らの方法論を示した上奏文によれば、裴注は、①「補闕《ほけつ》」（記事を補う）、②「備異《びい》」（本文と異なる説を引く）、③「懲妄《ちょうもう》」（本文および引用史料の誤りを正す）、④「論弁」（史実と史書への論評）という四種の体例に基づいて付けられました。

たとえば、劉備が諸葛亮に三顧《さんこ》の礼を尽くしたという『三国志』諸葛亮伝の記述に対して、裴注は、諸葛亮が先に劉備を訪ねたことを伝える魚豢の『魏略』・司馬彪《ひょう》の『九州春秋』を付けます。これが②備異です。

そして、諸葛亮の著した「出師表」の信頼性を評価して、諸葛亮が先に劉備を訪ねたのではない、と考察します。これが③懲妄です。

裴注は、異なる内容の史料を掲げ、より信憑《しんぴょう》性の高い「出師表」に照らして、史料の正確性を考察する内的史料批判を行っているのです。

また『孫資別伝』という本を引用した際には、孫資一族により著されたものであるため、孫資の失態を隠そうとしている、と評しています。こうした④論弁は、史料の出所により文献を考証する外的史料批判です。このような方法論に基づきながら裴注は、『三国志』の原材料ともなった、二一〇種にも及ぶ当時の文献を引用しています。

『三国志』は、裴注を得て、その価値を飛躍的に高めたといえるでしょう。

われわれが三国時代の史実を明らかにしようとするとき、記述に偏向を持つ陳寿の『三国志』を裴注によって相対化できます。裴注の中には、陳寿が採用しなかった多くの史書が引用されているからです。

もちろん裴注以外にも、『後漢書』や『晉書』には、三国時代に関する記述があります。あるいは類書の『太平御覧《ぎょらん》』などには、すでに散逸した曹操の「軍令」や『諸葛氏集』の遺文が部分的に引用されています。

これらの諸資料に基づき、『三国志』の史料批判を行うことで、史実に近づくことができるのです。

5. 蜀漢政権論

劉備の遺言への違和感

大学一年生のころには、読めないところだらけだった『三国志』と裴松之注ですが、学年が進むにつれて、少しずつですが読めるようになってきました。原典を読めるようになると、自分の主張を論文にまとめていきます。大学四年生のときの卒業論文『蜀漢政権論―その人的構成を中心として』は、わたしが初めて書いた論文です。

論文は、大まかに言って、

① 漠然とした問題関心から、テーマを絞り込む
② 先行研究のリストを作り、必要なものから先行研究を入手する
③ 先行研究を内在的に批判しながら読んで、自分の主張を出す
④ 自分の主張を資料により実証しながら、論文を執筆する

という順序で書いていきます。

ただし、①から④まで直線的に進むことは稀で、③で自分の主張が出なかったり、④で実証できなかったりして、①に戻るのはあたり前のことです。これについては、渡邉義浩『三国志研究入門』（日外アソシエーツ、二〇〇七年）に詳しく書きましたので、よろしければご参照ください。

わたしは、諸葛亮が好きで三国時代の勉強をするために筑波大学へ進学しました。担当教官は野口鐵郎《てつろう》先生です。先生は、鐵郎の「鐵」の字を「鉄」と簡単な字で書いて郵便を出すと、「これ以上、金を失えるか」（「鉄」の字は「金」と「失」に分解できる。これは析字といい、道教の秘密結社のスローガンなどで、よく用いられる）と郵便局員さんに言って、郵便物の受け取りを拒否した逸話を持つ要注意人物でした。

そして、先生のご専門を「明清時代の道教（中国の民俗宗教）です」と紹介すると、お説教される怖い先生でもありました。
○○を専門と言うと、「中国学で研究対象とする人物は、歴史・文学・哲学といった専門に分かれて生きていたわけではなく、また時代を超えて中国という大きな枠組みのなかで生を受けている。それなのに、専門や時代の枠によって、自分の知識や問題関心の幅を狭める。そのときの接頭語が、『わたしの専門は〇〇』という言葉である。論文として書くものは、嫌でもテーマを絞った微細な深い研究となる。しかし、その深さを支えるものは、浅くとも、幅広い知識である」と、訓戒されるのです。

このためか、先生のご専門ではないはずの「三国志」の勉強をのびのびとやらせていただき、明代をやれとか、道教を勉強しろとか言われたことは一度もありませんでした。わたしは、ただ「三国志」が好きで勉強したいだけでした。それが、師より原典の読み方から始まって、中国学の基礎知識、レジュメの作り方と発表の仕方、そして論文の書き方と、研究のための基本を教わっていきました。

さらに、お酒の飲み方、学会の準備の仕方、切手の貼り方から紐のかけ方まで、教えは多岐に及びました。勉強がいつしか研究に変わるころ、そのおもしろさに惹《ひ》かれる自分がいたのです。

わたしは、劉備が諸葛亮に次のように遺言していることに、疑問を抱きました。

君才十倍曹丕必能安國終定大事若嗣子可輔輔之如其不才君可自取

これが原文です。本当は日本で使っている常用漢字ではなく、正字（旧漢字）で書かれています。ここでは、國（国）だけ正字にしてみました。これに、句読点をうち、送り仮名・返り点をつけて訓読し、書き下し文にします。もちろん、古典といっても中国語ですから、中国語で発音して意味を考えてもよいのですが、現在の中国語の発音と三国時代の発音は大きく異なっています。

また、日本人は古来、古典中国語を漢文訓読という独自の翻訳方法で読んできた伝統を持ちます。とくに、江戸時代の昌平坂学問所からの流れを継承する高等師範学校（のちの筑波大学）では、漢文訓読を重視していました。

それを継承して、わたしは、古典中国語を書き下し文にします。また、渡邉義浩（主編）『全訳後漢書』全十九巻（汲古書院、二〇〇一～一六年）では、二度手間と思われるかもしれませんが、書き下し文をさらに現代語に訳しています。

学術論文では、わたしは書き下し文と句読点をつけた原文を示すだけで、現代語には訳しません。わたし個人は、現代語訳よりも書き下し文のほうが、原文のニュアンスが残る、よい日本語訳であると考えているからです。ここでは、書き下し文で掲げましょう。

君の才は曹丕に十倍す。必ずや能《よ》く國を安んじ、終《つい》には大事を定めん。若《も》し嗣子《しし》輔《たす》く可《べ》くんば、之《これ》を輔けよ。如《も》し其《そ》れ不才なれば、君 自ら取る可し。

違和感を覚えるのは、四文目です。もし才能が無ければ、君が自ら（君主の地位を）取るべきである、という劉備の言葉の条件となっている、「もし才能が無ければ」について、嗣子の劉禅《りゅうぜん》に才能がないことを、劉備もわかっていたはずだと思うからです。したがって、これは諸葛亮に即位を命じていることになり、事実この言葉を聞いていた李厳《りげん》は、のち諸葛亮に「九錫《きゅうせき》」を受ける（天子と同じ九つの儀礼を許されること。即位の前提）ことを勧めています。

もちろん、諸葛亮は断りますが、その答えは歯切れの悪いものでした。それは、この文章が遺詔《いしょう》であるからです。詔のなかでも、天子の遺言である遺詔は、強い拘束力を持ちます。その遺詔が、劉禅に才能がなければ、諸葛亮が即位せよ、と命じているのです。劉禅の不才が誰の目にも明らかな以上、諸葛亮が即位しなければ、命令違反になります。だから李厳の勧めを笑ってごまかすしかなかったのです。

そもそも諸葛亮の志は、「聖漢《せいかん》の大一統《だいいっとう》」（神聖なる漢帝国による中国統一）の実現でした。「天下三分」などではありません。三国が鼎立《ていりつ》しても、戦いを止めなかったように、諸葛亮にとって、「天下三分」は手段であって、目的はあくまで「聖漢の大一統」なのです。たとえ曹丕を破り、孫権を降《くだ》して中国を統一しても、自分が即位すれば、「聖漢」による中国統一ではなくなります。しかも、劉禅は諸葛亮を全面的に信頼して全権を委ね、「相父《しょうほ》」（丞相を務めるおとうさん）と呼んで、諸葛亮を慕っています。劉禅を殺して帝位に即くことなど、諸葛亮ができるはずもない命令でした。

こうした実行できない君主の命令のことを「乱命」と言います。乱命は、それを出した君主が間違っているので、従う必要はありません。諸葛亮は、粛々と劉禅を即位させ、死ぬまで劉禅を支えて、曹魏と戦っていきます。

ところが陳寿は、口を極めて劉備の遺言を褒め、劉禅を託した信頼関係を称えます。

こののち、これは「遺孤《いこ》（残された子）を託す」と言われ、君主と臣下の絶大な信頼の証《あかし》とされていくのですが、わたしには、劉備が諸葛亮を信頼していないように思えたのです。

大学院に入って読書の範囲が広がると、明末の王夫之《おうふうし》（王船山）が、わたしと同じ疑問を抱いていることを知りました。王夫之は、「劉備は関羽に対してであれば、このような遺詔を残すことはなかった。諸葛亮は関羽のようには、劉備に信頼されていないことがわかる」と言っています。

わたしも、劉備が諸葛亮と対立していたとか、信頼関係がなかったと考えていたわけではありません。そこで、両者のぶつかり合いを「せめぎあい」という言葉で表現したのですが、王夫之のように関羽とくらべるとわかりやすいなと気づき、中国学の奥深さに、やがて感心することになります。

しかし、卒業論文を書いているときには、王夫之の『読通鑑論《どくつがんろん》』は読んでいませんでした。そのため先行研究を読み進めるなかで、劉備と諸葛亮との関係が微妙であるという問題意識が芽生えると、その解明を卒業論文のテーマに定めました。さらに、蜀漢に関する先行研究を調べてみると、わたしの問題関心が蜀漢政権論とも関わることがわかりました。

荊州人士のいびつな優越

蜀漢政権が、いびつな人的構成を持つことは、古くから知られていました。すでに、東晋の常璩《じょうきょ》が著した『華陽国志《かようこくし》』には、「むかし劉備が蜀（益州《えきしゅう》）に入ると、荊楚《けいそ》の人（荊州出身者）が尊重された」と記されています。政権が建てられた場所である蜀の人々よりも、荊州の人々の方が、政権の上位を占めた、というのです。

それを徐徳嶙《じょとくりん》「蜀漢政権的建立和維持」（『三国史講話』羣聯出版社、一九五五年）は、『三国志』蜀書に専伝《せんでん》（個人の伝）を持つ人々の分析から、宮川尚志《ひさゆき》「蜀姓考」（『六朝史研究』政治・社会篇、日本学術振興会、一九五六年）は、上層官僚を対象に、荊州人士の優越を明らかにしていました。

狩野直禎《かのなおさだ》「蜀漢政権の構造」（『史林』四二―四、一九五九年）は、それらを一歩進め、蜀漢政権の各官職に任用された人士を具体的に考察したもので、荊州人士の優越の具体

後漢・三国時代の州名

相が一層明確にされました。

このほかにも、先行研究は多く読んだのですが、宮川・狩野両先生は、ともに諸葛亮の伝記（宮川尚志『諸葛孔明―「三国志」とその時代』桃源社、一九六六年、狩野直禎『諸葛孔明』人物往来社、一九六六年）を書かれていたこともあって、親しみがあり、両先生の研究を継承・発展させていきたいと思いました。

宮川先生は、師の野口と親しく、何回もお話しさせていただく機会がありました。わたしも諸葛亮の伝記（『諸葛亮孔明―その虚像と実像』新人物往来社、一九九八年、のちに『諸葛孔明伝―その虚と実』と改題・加筆して文庫化）を書きました、とご報告すると、「よい仕事をされました」と喜んでくださいました。

狩野先生には二〇〇六年、畏友石井仁《ひとし》さんとともに、三国志学会の会長をお受けいただくようお願いに伺い、ご快諾いただきました。以来、長らく三国志学会の会長をお務めいただきました。

狩野先生の研究により、益州に成立した蜀漢政権において、荊州出身の人々が政治的に枢要な地位、とくに政務の中心である尚書系統の官職を専有していたことが、明らかにされました。

しかしながら、荊州から入蜀した荊州人士と入蜀後登用された益州在住の荊州人士とを区別すべき点、政権の全時期を同一視した統計的処理ではなく、姜維輔政期《きょういほせいき》（二五三〜二六三年）にはもはや荊州人士の優越が見られない、といった政権各時期の構造を明らかにすべきではないかという点、蜀漢政権を貴族制の形成期に位置づける視角を欠いているのではないかという点などに、研究の余地があることに気づきました。

そこで、政権構成員の履歴をすべて洗い直す作業に取りかかりました。と言うと、いかにも独力で解決したかのようですが、実は野口鐵郎先生に「初期朱元璋集団の性格」（『横浜国立大学人文紀要』第一類 哲学・社会科学一八、一九七二年）という論文があります。

いま思えば、このときの方法論が師の物真似であることがわかります。「学」は「まねぶ」とも読みます。師の方法論を学ぶことは、研究の第一歩になると思います。

師の方法論と異なる点があるとすれば、わたしが本来関心を持っていた諸葛亮との関わりのなかで、この問題を考えようとしたことです。

わたしの最初の問題関心は、諸葛亮と劉備との遺言をめぐる「せめぎあい」はどうして起こったのか、ということでした。そこから独自の方法論が生まれてきたのです。

蔣琬《しょうえん》や費禕《ひい》など、荊州人士が蜀漢政権で枢要な地位を占めていくには、諸葛亮の推挙と抜擢がありました。しかし、これまでの蜀漢政権論では、荊州人士の優越と諸葛亮との関係を考察した研究はありませんでした。それは当然のことで、諸葛亮は徐州琅邪国《じょしゅうろうやこく》陽都県《ようとけん》の出身、つまり徐州人士だったからです。

地縁と君主権力

中国において地縁の重要性が高い理由の一つに、漢字という表意文字を利用することがあります。

現在でも長江の南では、三〇〇キロごとに言葉が違うとされ、中国全体では十大方言と呼ばれる方言圏があるのです。それぞれの違いは、英語と独語以上であるといいます。音が違うと、アルファベットのような表音文字では語彙そのものが変化していきます。言語は、民族を構成する大きな要素であるため、漢字が表意文字でなければ、三国時代から分裂した中国が、再び統一される日は来なかったかもしれません。

本来、分裂しても不自然ではないほど発音が異なるにもかかわらず、一つの国家として存在し続けた中国では、発音を同じくする人々の紐帯《ちゅうたい》として、地縁の重要性が高いのです。

後漢にはすでに、地域ごとの言葉の違いをまとめた揚雄《ようゆう》の『方言』という本がありました。「雅言《がげん》」と呼ばれた共通語を流暢《りゅうちょう》に話すためには、洛陽に留学する必要があります。

北京の近くに生まれた劉備と山東半島の南に生まれた諸葛亮では、込み入った話になると、言葉が通じなかった可能性すらあります。人脈は、込み入った話をしなければ形成されません。このため中国において地縁は、人脈形成において重要な意味を持つのです。諸葛亮は、幼いころ曹操の徐州大虐殺を避け、叔父の諸葛玄《げん》に連れられて荊州の襄陽《じょうよう》に移住しています。そこで諸葛亮が妻を迎えたことは、次のように伝えられます。

（黄承彦《こうしょうげん》が）諸葛孔明に、「君は妻を探していると聞く。わたしに醜女《しこめ》（醜い娘）がいる。未熟で色黒の娘だが、才智は君とお似合いだ」と言った。孔明が承知したので、娘を車に載せて送りとどけた。時人（そのときの人々）はこれを笑い楽しみ、郷里はこれのために諺《ことわざ》をつくり、「孔明の妻えらびをまねてはいけない、阿承《あしょう》（承どん）の醜女をもらうはめになる」と言った。

『三国志』諸葛亮伝注引『襄陽記《じょうようき》』

ここに述べられている「郷里」は、諸葛亮のみならず、荊州沔南《べんなん》の名士である黄承彦を「阿承」と呼び、その娘が「醜女」であることを聞き知っている者たちから構成されています。そこは、諸葛亮の本籍地である徐州琅邪国ではありません。そして諸葛亮は、「臥龍」という名声を荊州襄陽郡で得ています。

そうであれば、諸葛亮は、名声の場を荊州に持つ「荊州」人士と考えられるのではないでしょうか。したがって、諸葛亮が荊州人士を抜擢し、重用したのは、地縁により結びつく荊州人士を自らの勢力基盤とするためであろう、と考えました。

確実な主張とするためには、後漢末から三国時代の知識人が、存立基盤を名声に置き、名声の場こそ自らの「郷里」とする「名士」であることを論証する必要があります。

しかし、この段階では、諸葛亮と劉備とのせめぎあいを調べていくことを優先して、「名士」の存立基盤を考えることは今後の課題としました。

陳寿の『三国志』が描く「水魚《すいぎょ》の交わり」では、諸葛亮は劉備の圧倒的な信頼を受けたようにも思われます。ところが、陳寿が描いた「忠」なる宰相という諸葛亮の虚像を剥ぎ取ると、政治基盤を必要とするような、諸葛亮と劉備の「せめぎあい」が見えてきたのです。

第二章　三国志研究家の狂熱

1. 唯物史観と清流豪族論

卒論の限界

卒業論文はわたしにとって初めての研究でしたが、とても楽しいものでした。しかも、課題を残したため、もう少し研究したいと思い、大学院に進学しようと考えました。ところが、設立間もなく理想に燃える筑波大学は、博士一貫課程という制度をとっていました。通常は、二年間の修士課程を修了して、そこでまた試験があり、三年間の博士課程に進学します。博士課程を修了すると文学博士になります。

ふつうは三年で博士論文は書けないので、さらにオーバードクターを何年かする。それでも博士号はとれない、というのが、当時の文学系の大学院のあり方でした。

ところが、筑波大学の博士一貫課程は修士・博士の五年間、切れ目なく在籍するものでした。当初は修士号を取得する仕組みもなく、博士号をとるか、退学するかという、一か八かのような制度でした。

当時は研究者になる自信もなく、修士課程を持つ他の大学院を受けようと思ったのですが、師が「おれを見捨てるのか」と言うので、筑波に残ることにしたのです。

課題はわかっていました。

卒業論文では蜀漢だけに焦点を絞りました。中国三世紀を理解するための最大の問題である貴族制には触れていません。貴族制に言及するためには、一九五〇年代から六〇年代を中心に行われた時代区分論争を把握する必要があります。そのためには、当時の主流であったマルクス主義に基づく唯物史観についての見解を持たねばなりません。

さらに、三国時代の中心である曹魏を理解するためには、時代区分論のなかで一九七〇年代から八〇年代に行われた共同体論争に対する視座も必要です。

卒業論文は、これらを避けたことでまとまりのよい研究となったのです。後年、出版したものですが、渡邉義浩『諸葛亮孔明―その虚像と実像』の第三章は、卒業論文をもとにしておりますので、興味のある方はご参照ください。

時代区分論争と唯物史観

人類の歩みを古代・中世・近代などと画期する時代区分は、歴史認識を根底で規定する営みです。現在、それが学界の中心的な論点でなくなっているのは、時代区分の際に必要となる明確な単一の指標が存在しないためでしょう。

日本で中国史の時代区分論争が本格化したのは一九五〇年代からで、それには一九四九年の中華人民共和国の成立が大きな影響を与えました。唯物史観に基づく「世界史の基本法則」では、世界の諸民族は、古代の奴隷制、中世の農奴制、近代の資本主義を経て、社会主義に発展する契機を持つと考えられていました。

戦前の日本の中国史研究では、秦の始皇帝以来、中央集権的な官僚制度による統一国家が存在し続ける「停滞」した国、と中国を把握していました。近代の資本主義は、そこでは十分展開されていない、と考えていたのです。それが社会主義に「発展」したのですから、戦前の停滞史観を見直さざるを得なかったのです。

「世界史の基本法則」を中国史に適用しようとしたのは、マルクス主義を掲げる歴史学研究会でした。

東京大学の西嶋定生《さだお》「古代国家の権力構造」(『国家権力の諸段階』岩波書店、一九五〇年)は、秦漢時代の大土地所有者である豪族を家父長的家内奴隷所有者の同族結合体と意義づけ、それが西欧古典古代のような労働奴隷制へと展開しなかった理由を周辺の共同体遺制に阻まれたことに求め、小農民を小作人化するに止《とど》まったとしました。

言葉が難しいですね。

家父長とは、基本的には父親のことで、家の中でその力の強さが認められていることがローマ法の特徴です。家で所有する奴隷は、家父長の支配下で農業労働に従事します。それがギリシア、ローマ、つまり古代の特徴でした。マルクス主義は、西欧の歴史を基準に理論を立てているのです。

ローマの奴隷所有者を中国で探すと「豪族」なのですが、どうしても違う部分がありまます。それをアジアに残った共同体の影響と考えたのです。マルクス主義では、近代のひとつの指標は、共同体から個人が自立することです。自ら近代を迎えられなかったアジアには、共同体が強く残っていると考えていたのです。

西嶋説はさらに続きます。

秦漢時代の小作制は、豪族の奴隷所有者的権力により強く規制されており、豪族の大土地所有下の家内奴隷制と結合して、家父長的家内奴隷制を形成しています。

秦漢帝国は、家父長的家内奴隷所有者の集中的権力機構であり、豪族同様、家父長的家内奴隷所有者的性格を持ち、それが隋唐帝国まで続くとしたのです。

つまり西嶋は、国家と豪族を同質として捉え、いずれも家父長的家内奴隷制を基本的生産関係とする古代と把握したのです。

わかりますかね。

「三国志」で言えば、たとえば豪族魯粛《ろしゅく》の所有する大土地を耕す者は奴隷であり、家父長である魯粛たちが集まった国家が孫呉です。そして孫権の皇帝権力と魯粛の奴隷所有者としての権力は同質であるということ（どうも同質には思えないのですが）。そして孫呉は、孫権が家父長として魯粛たち臣下を奴隷として支配する、ということでしょう。

これに対して、京都大学の内藤湖南以来の後漢末までを古代とする時代区分論を継承する宇都宮清吉《きよよし》「僮約《どうやく》研究」（『名古屋大学文学部研究論集』五　史学二、一九五三年）

中国史の時代区分

「京都学派」の宮崎市定（内藤湖南を継承）

～漢	六朝～唐	宋～明	明末清初～
古代	**中世**	**近世**	**最近世**
漢はローマ帝国	五胡はゲルマン 唐はフランク王国	宋はルネサンス	清は絶対王政

「歴研派」の西嶋定生（前田直典を継承）

～唐	宋～明	明末清初～
古代	**中世**	**近世**
中国的奴隷制 （個別人身的支配）	地主一佃戸制の 佃戸は農奴	マニュファクチュア の進展

は、奴隷制そのものは古代帝国である漢代社会の本質を決定するほど重大なものではないとします。

漢代社会の本質を決定するものは、「上《じょう》家《か》下《げ》戸《こ》制」であり、漢代は「上家下戸制」の主体である豪族の発展過程として捉えることができるとしています。

「上家下戸制」の発展過程は、同時に秦漢帝国の崩壊過程でもあり、豪族が帝国の基盤である小農民を「下戸」とするとき、古代帝国は崩壊する、としたのです。

こちらも言葉が独特でわかりにくいですね。

宇都宮に代表される内藤湖南の学統の特

色は、古代帝国と豪族を異質のものと捉え、豪族の発展による農奴制の成立に古代帝国の崩壊を求めるところにありました。

「三国志」で言えば、魯粛たちの大土地所有が増えれば増えるほど、孫権の国家支配は農民という基盤を魯粛たち豪族に奪われ、崩壊していく、ということでしょうか。

こちらは少しわかる気が、そのときにもしました。

専制国家論

このように、一九五〇年代の研究は、基本的生産関係を豪族と隷属民との間に求めるものでした。西欧史の研究の中心がそこにあったためでしょう。

しかし、中国には大土地所有者のほかに広範な小農民層が存在します。このため豪族と隷属民との間に、基本的生産関係を設定することには、疑問が提出されていました。また、大土地所有の経営論だけでは、中国古代国家の特質である専制主義を十分には説明できませんでした。

こうして一九六〇年代の時代区分論争では、国家権力と小農民との関係、および専制権力の出現過程を解明することに重点が置かれました。したがって、国家と小農民との間に基本的生産関係が設定され、豪族などの在地勢力は古代帝国の矛盾物として捨象されることになります。

西嶋定生『中国古代帝国の形成と構造——二十等爵制の研究——』（東京大学出版会、一九六一年）は、秦漢帝国の基本的生産関係を豪族対奴隷に求める旧説を撤回し、それを国家対小農民に求めました。

西嶋先生の立派なところは、自説が間違っていたと認めるだけでなく、それに代わる説を提出されたことです。人文科学でも学説はあくまでも仮説で、それを実証することが必要です。ときには自ら学説を取り下げることもあるのです。

西嶋新説によれば、専制君主である皇帝は、私権の集積のみでは実現されない唯一無二の公権力として出現し、官僚のみならず全人民を個別人身的に支配します。具体的には、皇帝は人民に爵位を賜与することによって、自律的秩序を喪失している里《り》に新たな秩序を形成します。

里内の歯位《しい》（年齢順）による秩序と爵制的な秩序を一体化させる爵位の賜与により、皇帝と人民は同一の秩序の上に立ち、そこに個別人身的な支配が成立する、としたのです。

西嶋新説の特徴は、皇帝対小農民に基本的生産関係を設定したこと、および皇帝の個別人身的支配の必然性を国家の支配の正統性から説明しようとした点にあります。

また、木村正雄『中国古代帝国の形成――特にその成立の基礎条件――』（不昧堂書店、一九六五年）は、水利施設を整備したことに秦漢帝国の権力の淵源《えんげん》を見出し、大河の流域には専制的な古代帝国が形成されるという環境決定論的な停滞史観を打ち破りました。

一九六〇年代の専制国家論は、秦漢専制国家の出現過程を理論化し、専制支配と称されるものが、国家の小農民への個別人身的支配であることを解明した点において、今なお高く評価できるものです。

とはいえ、国家による小農民の個別人身的支配が、国家の「支配意思」どおり貫徹されていたと考えることができるであろうか、と西嶋説を批判したものが、増淵龍夫「所謂東洋的専制主義と共同体」（『一橋論叢』四七―三、一九六二年）でした。

増淵は、西嶋が里は自律的機能を喪失したものと規定し、その前提のうえで国家権力への小農民の隷属を主張していることは、「動きのとれない構造論」に陥っている、としました。

土豪・豪族の維持する自律的秩序を、理念的な秩序を乱す変則的なものと理解することや、地域的な差異に還元することは、専制国家を制度的にしか把握していないと批判したのです。

それを踏まえ増淵は、郷里の自律的秩序の形成者である豪族に着目し、かれらは国家権力を内面から支え動かしたものである、としているのです。

増淵は、国家の支配を現実のものとする存在として豪族を重視しました。国家の「支配意思」ではなく、国家支配の現実を考察するために、増淵の視角は有効でしょう。

ところが、増淵の研究では、豪族層がいかなる形で在地社会に自律的秩序を形成し、国家と関わり変貌を遂げたのかを十分には展開されませんでした。

そこで、国家の「支配意思」と在地社会とが関わる場として「共同体」概念が設定され、研究は一九七〇年代の共同体論争へと進展していったのです。

共同体論争

一九七〇年代には、在地勢力の規制力が働く場として「共同体」が設定され、いわゆる「共同体」論争が行われました。

結論を言えば、「共同体」論争は、根本的な対立点を包摂したまま伏流化します。それは、「共同体」に対する視角がまったく異なる二つの立場から論争が行われたためです。

一方は、歴史学研究会を中心とする「唐中期まで古代説」を継承し、「共同体」を母体としながらも、あくまでも階級関係を主体として「共同体」の様態を追求する立場です。

他方は、内藤湖南以来の「六朝《りくちょう》隋唐中世説」を継承する中国中世史研究会の立場です。かれらは、階級関係を超克した歴史の主体的要因が「共同体」であるとしたのです。

前者の「共同体」論は、私有制と階級関係の発展を指標として、春秋戦国期に生まれた小農民の自立性、土地所有の状況、小農民が構成した「共同体」の性格に関心の所在がある点では共通していました。

　しかしながら、「共同体」を史料から明示できなかったこと、およびマルクスのアジア理解に時期的な変化があることなどを原因として、論者により「共同体」概念にズレがあり、「共同体」の共通理解を困難にしました。

　谷川道雄・川勝義雄を中心とする中国中世史研究会の「共同体」論は、階級関係を生み出し、支え、超克することができる歴史の主体的要因として「共同体」を捉えます。したがって、中国史は「氏族共同体」「里共同体」「豪族共同体」という「共同体」の自己発展過程とみなされます。

「氏族共同体」が崩壊したのち、自立小農民のかなりフラットな「里共同体」が形成され、秦漢古代帝国の基礎となる。その分解ののち、大土地所有者と小農民との階級対立を乗り越えた「豪族共同体」が出現して中世を形成するというのです。

　ご理解いただけたでしょうか。かなり難しいと思います。

　少なくともわたしには、「共同体」が自己発展する、というイメージが湧きませんでした。

「三国志」との関わりでいえば、荀彧《じゅんいく》たちは武力・財力によって農民を圧伏する階級支配者としてよりも、儒教を学ぶことで政治的・文化的能力によって民の信望を集める「共同体」首長として現れる、という主張なのです。

たしかに荀彧は、日本の武士や西欧中世の騎士のように、土地所有や武力を存立基盤とはしていませんよね。

儒教に着目

中国中世史研究会の「共同体」論は、アジア社会を唯物史観のようなヨーロッパの歴史の発展から抽出した概念によって分析することに疑義を唱え、アジア独自の発展法則の探究を試みたものです。

とはいえ、「共同体」を階級関係をも超克するものと位置づける理解には、多くの批判が集まりました。また、論の中核たる「豪族共同体」成立の重要な契機と設定されている「儒教」そのものの検討に、なお不十分な点が多く存する、と当時のわたしは思いました。

そこで修士論文では、今読んでいただいたような研究動向の整理を行い、自らの在地勢力の発展の仮説を立てる一方で、後漢時代の宦官（宮中に仕える去勢された男性）・外戚（皇帝の母方の一族。父方は内親）・党人《とうじん》（一六六・一六九年の党錮《とうこ》の禁《きん》で悪い仲間とされ、閉門蟄居《ちっきょ》させられあるいは殺された者たち）を、儒教との関わりを中心として分析しました。

後者は実証研究でしたので、無難な出来で、のちに博士論文の後半を構成することになります。一方、前者はひどい出来で、師の野口からは「先人のあげ足とり、しかも熟さない」という厳しい評価をいただきました。

後者の宦官・外戚・党人を徹底的に調べ上げたのは、「豪族共同体」論に基づき、川勝義雄先生が宦官・外戚・党人との関わりのなかで提出していた「清流《せいりゅう》豪族論」という仮説が、三国時代を分析する方法論のなかで、最も高く評価すべきものであったからです。

清流豪族論

中国の貴族制は南朝において最盛期を迎えます。軍事力により成り上がった南朝の君主は、貴族に比べて低い家柄の出身者が多く、皇太子が上流貴族の娘を娶《めと》れなかったこともあります。

貴族制を制度的に保障したものは、九品中正制度《きゅうひんちゅうせい》（曹魏で陳羣《ちんぐん》の献策により始められた官僚登用制度）であるとされています。有名な「上品に寒門《かんもん》なく、下品に勢族《せいぞく》なし」という言葉は、上級貴族による「上品」の独占に対する批判として捉えられていました。そうした批判や、君主による切り崩しにも耐え、さらには隋唐の科挙を有利に運用した貴族の存立基盤はどこに置かれていたのでしょうか。

一九五〇〜六〇年代の研究は、それを貴族の大土地所有である荘園に求めました。すでに述べたとおり、唯物史観に基づく「世界史の基本法則」を中国にも適用させる時代区分論争が展開されていたからです。

魏晉南北朝時代は、秦漢から隋唐へと続く古代の一部と捉えるべき（歴史学研究会）

か、秦漢古代帝国の崩壊を受けた魏晋南北朝から隋唐まで続く中世貴族制の時代と捉えるべき（京都学派）か、という時代区分論争の焦点となっていました。貴族の荘園で働く隷属民を前者は奴隷、後者は農奴と理解しようとしたのです。

やがて、こうした研究方法は限界を迎えます。史料に残る隷属民のあり方は、奴隷と農奴のいずれか一方に確定し得るものではなかったのです。

しかも、比較対象とされた西欧とは異なり、中国の貴族の力は、土地所有の多寡《たか》には規定されません。貴族よりも大きな土地を所有しながら、低位の官にしか就けない豪族は、貴族の下に数多く存在しました。

また、貴族のなかでも「寒門」と呼ばれる下級貴族と「上品」を独占する上級貴族との区別も、土地所有の多寡を尺度とはしていません。なによりも、研究が深化するなかで、西欧史を基準とする「世界史の基本法則」を無媒介に中国史に当てはめて、奴隷制か農奴制かを議論する方法論そのものに疑問が持たれていったのです。

一九七〇〜八〇年代の研究では、中国史固有の問題として貴族制を考える視角が追究されていました。

専制的な皇帝を頂点にいただく中央集権的な官僚制度が、秦から清まで継続したことは中国史の大きな特徴です。ヘーゲルはその形態の不変性を停滞と捉えて、中国を「持続の帝国」と呼びました。それが戦前の日本における中国への「停滞史観」として受け継がれたのです。「世界史の基本法則」は、その克服を目指すものでした。

とはいえ、中国の固有性が解明されない時代区分では、西欧中心史観を脱却することはできません。中国史は、西欧や日本に見られるような、不輸不入の権を持つ領主が広く存在する時代を持ってはいません。

中央集権的な専制政治の継続という点からみれば、貴族制の時代は、中国史のなかで官僚の世襲性が他に比べて高かった時代と捉えられるのです。その原因は、九品中正制度にあると考えられていました。土地の「所有」は、一義的には、貴族か否かを規定しません。

矢野主税《ちから》『門閥《もんばつ》社会成立史』(国書刊行会、一九七六年)は、中国の貴族が、西欧のように「所有」に規定されないことを皇帝からの俸給への依存と考えました。史料中の歴代官僚の家が、しばしば「貧」を伝えられるためです。

そのうえで、「(後漢官僚も曹魏官僚も) 同様に中央に寄生する官僚であるという意味において、両者の間には何等性格の変化はない。その意味において、王朝は変わり、その構成員に変化があったとしても、官僚の性格そのものに変わりはなかったのであり、魏晉門閥貴族は後漢官僚に連続するものと言わねばならぬ」と述べ、中国の貴族は郷里社会における社会的・経済的自立勢力ではなく、皇帝に依存する「寄生官僚」である、としたのです。

寄生の論証を官僚の「貧」に求めた点で、矢野説は原初的に過ぎました。史料中に現れるイデオロギー性を帯びた「貧」という用語は、実際の経済的困窮を必ずしも意味しないためです。

しかし、貴族制が「所有」とは無関係に成立することを実証した点は高く評価できます。問題は、皇帝権力と密接な関係を保ち得た者が貴族に成り得るとし、貴族の有する皇帝権力に対する自律性を捨象したことにありました。

これに対して、貴族の自律性の基盤を郷里社会に求める川勝義雄・谷川道雄「中国中世史研究における立場と方法」(『中国中世史研究』東海大学出版会、一九七〇年) は、貴族が「所有」に存立基盤を置かないことから、その基盤を「民の望」に求めました。貴族の基盤は郷里社会にあるが、貴族は郷里を「所有」する領主ではない、という課題の解決のため、川勝・谷川は、西欧の階級関係とは異なる中国独自の分析視角として「共同体」を設定し、「共同体」の内的発展により中国史を理解しようとしたのです。それが「豪族共同体」論でした。

川勝義雄「貴族制社会の成立」（『岩波講座 世界歴史』五、岩波書店、一九七〇年）は、貴族制社会の形成理由を「豪族の領主化傾向が郷邑《きょうゆう》社会における階層分化を進め、郷邑の秩序を急速に崩壊させていくなかで、その傾向を阻止して共同体的関係を維持し、再建しようとする動きが現れた。そうした矛盾相剋のなかから郷論がもりあがり、その環《わ》が幾重にも重なっていった。この郷論の環の積み重なり、郷論環節の重層構造こそ、貴族制社会を成立せしめた直接的な基礎条件である」と述べています。

川勝は、西欧型の「所有」の論理に対峙させながら、中国独自の貴族制のあり方を郷論、すなわち郷里社会における自立した民衆の輿論《よろん》に求めたのです。

たしかに、中国貴族のあり方は「所有」に根源的な存立基盤を求めていません。しかし、それを階級論理に自己「矛盾」的な存在と位置づければ、「所有」を根源的な基盤とする貴族と「矛盾」しない姿、すなわち本来のあり方とする認識が残存することになります。いまだ「所有」の論理に縛られていたのです。

「所有」の論理の強さは、生産力と生産関係の矛盾により歴史は発展するという唯物史観が、それに賛同するか否かを問わず、大きな影響力を有していた時代性の発現と考えることができるでしょう。

やがて、わたしは「豪族共同体」論に基づく貴族制の形成という川勝説に対して、貴族の存立基盤を文化と考える方法論を提出します。西欧・日本の「武」の領主が、土地の「所有」を存立基盤とすることに対し、中国の「文」の貴族は、「文化」を存立基盤とする、と考えたのです。

もちろん、中国の貴族も土地は所有します。土地所有は、文化の習得のための必要条件であり、高官の世襲の結果、拡大するものですが、一義的に貴族制を存立させません。中国の貴族制は、文化的諸価値の専有を存立基盤とするのです。

こうした議論を成立させるために、なぜ「文化」をそれほどまでに尊重するのか、文化とは具体的には何であるのか、という問題を解決する必要が生まれました。これこそ後川勝説のなかでも、豪族を自己矛盾的な存在にさせるとされていた儒教、漢末の文化の中心でした。

では、それはいつから中心なのでしょうか。具体的にはどのような経典に基づいて何が定められていたのでしょうか。そして、本当に大土地所有に矛盾を感じるような経義《けいぎ》を、後漢の儒教は持っていたのでしょうか。

あまたの疑問に答えるため、修士論文を書いたあとは、儒教と国家権力との研究を始めました。

その結果、後漢が中国史上初の「儒教国家」である、という「儒教国家」論を展開することになります。諸葛亮も「三国志」も、しばらくお預けとなりました。

2. 儒教国家論

前漢武帝の儒教国教化への疑義

お預けといえば、博士後期課程に進むことで、お預けにされていた結婚ができました。われわれの周りでは、食べていけるようになってから結婚するか、結婚して食べさせてもらうか、と言われていました。

研究者として自立できる年齢は、博士課程の大学院を最短で出て就職しても二十七歳です。すぐに就職できるのは、よほど運が良い場合です。優れた論文を次々と発表しながらも、就職が決まらないことがふつうでした。いまは、さらにその傾向が進んでいます。このため、前者は結婚が遅くなります。

わたしは後者を目指したのですが、博士前期課程（ふつうの大学院では修士課程）のときに、師の野口に相談すると、「おれを取るのか、女を取るのか」と言われました。

もちろん「女」と答えたのですが、しばらくは口をきいてもらえませんでした。

その後、師は口を開くと、修士課程のときには先行研究と格闘し、原史料を徹底的に読む必要があることを懇々と説きました。師の教えに背くわけにもいかず、お預けになっていたのですが、修士論文を書いて博士後期課程に進めたので、ようやく許可がおりたのです。

儒教の国教化をめぐる諸説

世界史の教科書では、前漢の武帝期に儒教が国教化されたと『漢書』に従って書かれていましたが、それに敢然と立ち向かっている方々がいました。一人は先輩にあたる平井正士《まさし》先生、もう一人は師と親しい福井重雅《しげまさ》先生でした。

おふたりの努力もあり、「儒教の国教化」の時期については、定説であった前漢武帝期のほかに、①前漢元帝《げんてい》期・②王莽《おうもう》期・③光武帝期・④章帝《しょうてい》期が挙げられていました。
①前漢元帝期を「儒教の国教化」の時期とする平井正士説（「公孫弘上奏の功令につ

いて」〈『杏林大学医学部進学課程研究報告』一、一九七四年〉など）、およびそれを発展的に継承した福井重雅説（『漢代儒教の史的研究――儒教の官学化をめぐる定説の再検討――』〈汲古書院、二〇〇五年〉に集大成）の論拠は、元帝期における儒教官僚の三公九卿《さんこうきゅうけい》（丞相・太尉・御史大夫〈三公〉と諸大臣〈九卿〉という前漢の最高官）への進出の増加、および儒教の経義に基づく国家祭祀の改革に置かれていました。

前者については、武帝期には公卿《こうけい》の約2％を占めるに過ぎなかった儒教を学んだ官僚が、元帝期には約27％に至るといいます。しかし、三割弱の占有を論拠に、元帝期に「儒教の国教化」を求めるのは無理があるでしょう。

わたしが、博士論文をまとめるなかで、同様の方法論により、後漢の公卿を調査したところ、初期（光武帝～章帝期）に77％、中期（和帝期～党錮の禁）に76％、後期（党錮の禁～黄巾の乱）に83％、末期（黄巾の乱～）ですら51％という数値を得ました（渡邉義浩『後漢国家の支配と儒教』雄山閣出版、一九九五年）。

儒教の公卿への普及を「儒教の国教化」の指標とするのであれば、後漢初期にそれを求めることが相応しいでしょう。

後者の儒教経義の政策への反映についても、前漢元帝期は未だ儒教の経義の展開が不十分で、漢の国制を規定できていません。

前漢では、国政を運用する際の先例である「漢家《かんか》の故事」は、法律と並んで用いられていました。これが後漢になると、故事は経典とともに国政運用の規範として並び用いられていきます。

わたしは、儒教経義の国制への反映を指標としても、国教化を元帝期に求めることはできないと思います。

前漢の元帝期以降、天の祭祀方法は、儒教の経義に基づく郊祀《こうし》と、経義にそぐわない「漢家の故事」である甘泉《かんせん》・汾陰《ふんいん》での祭祀との間で、右往左往していました。その混乱を解決した者が王莽でした。

②王莽期を「儒教の国教化」の時期とする西嶋定生説（「皇帝支配の成立」〈『岩波講座 世界歴史』四、一九七〇年〉）の論拠は、第一に儒教が国家の政治理論として絶対的な地位を得て、儒家の主張する礼説によって国家の祭祀が改革されたこと、第二に漢帝国の支配者である皇帝の存在を儒教の経義体系のなかへ組み入れたことに求められまし

た。

前者は、宗廟《そうびょう》制（皇帝の祖先祭祀）・郊祀制（天子の天祭祀）などの国家祭祀が、儒家思想を基準として改廃された前漢後半期から王莽期に完成した。後者は、讖緯《しんい》説（緯《い》書《しょ》という偽書に基づく予言を重視する思想）を取り入れ神秘主義と結合した前漢末期に求めることができるとします。

したがって、「儒教の国教化」の時期は、前漢の最末期に置かれ、王莽政権は、この「儒教の国教化」を背景に出現し、それを完成させたものと位置づけられる、と西嶋は主張したのです。

また、③光武帝期を「儒教の国教化」の時期とする板野長八《ちょうはち》説（『儒教成立史の研究』〈岩波書店、一九九五年〉）は、後者の讖緯思想を重視します。光武帝による図讖《としん》（予言書の中で光武帝の漢再興を説くもの）の宣布を「儒教の国教化」の指標とするのです。

西嶋説だけでなく板野説も重視する王莽の限界は、儒教を利用して建国した新が、後漢という前漢を継承する国家に、即座に打倒されたことにあります。しかも、前漢の簒奪に利用された儒教を、後漢はそのままの形で継承したわけではありません。

たしかに後漢を建国した光武帝劉秀《りゅうしゅう》は、建武《けんむ》二（二六）年に郊祀を行う際に、「元始の故事」として王莽の祭天儀礼を受け継いでいます。とはいえ、王莽が定めたそのままの形ではなく、それにさらなる改変を加えています。正統とする儒教の学派も入れ変えました。

光武帝は、王莽が前漢を簒奪するために利用した讖緯思想や儒教の経義も、そのまま継承することはなかったのです。

後漢「儒教国家」の成立

光武帝は、讖緯書の選別と経義の整備を行いながら、公孫述《こうそんじゅつ》を打倒して中国を統一すると、高帝（高祖劉邦《りゅうほう》）を配食（天とともに祭祀）する増祀を行うなど、祭祀の改変を続けました。

板野説の重視する図讖の宣布は、経義より先に整備が完了した讖緯書を公開したものと考えてよいでしょう。第二代明帝《めいてい》は、さらに祭祀の改変を継続しています。

こうした後漢の国制に即した経義の整備は、明帝期の改革を踏まえて、第三代の章帝が主宰する白虎観《びゃくこかん》会議にまで持ち越されました。

その結果、思想内容としての体制儒教の整備は、後漢の④章帝期に完成します。このころには、「儒教の国教化」の主要な指標も満たされています。わたしは、博士論文において、「儒教の国教化」の時期を④章帝期に求めることにしました。

博士論文に手を入れて刊行した渡邉義浩『後漢国家の支配と儒教』（前掲）では、それまでの研究で提示されていた、(1)制度的な儒教一尊体制の確立、(2)儒教の公卿層への浸潤、(3)思想内容としての体制儒教の成立、という三つの指標に、(4)支配の具体的な場に儒教が出現する儒教的な支配の確立と、(5)在地勢力の儒教の受容という指標を加え、論証の結果、「儒教の国教化」の時期を章帝期に求めています。

その際、新たな指標を加えることにより、従来の研究とは異なる尺度によって「儒教の国教化」を論じること、および「国教化」という概念の多様性を鑑みて、「儒教国家」という分析概念を設定し、「儒教国家」の成立によって「儒教の国教化」は完成する、と提言したのです。

こうした内容を四〇〇字詰め原稿用紙に換算すると一三〇〇枚ぐらいの量にまとめ、博士請求論文として筑波大学に提出しました。二十九歳のときです。当時の常識では、文学博士は学者が生涯をかけて研究した内容を一書にまとめて申請するものでした。いまでは博士であることは、大学教員のスタートラインとなっていますが、当時はゴールだったのです。

二十代の若輩者が文学博士になることなどありえず、少なくとも東京高等師範から東京教育大学、筑波大学の東洋史専攻において、わたしが最年少の博士取得者になることは明らかでした。

しかも、当時は旧制度なので、現在のように博士（文学）ではなく、文学博士という堂々とした称号でした。

審査にあたっていただいた五名の先生方も、博士号をお持ちの方は、師の野口と民俗学の宮田登先生だけでした。師の懸命の努力もあって、博士論文として認めていただき、文学博士となって大学院を修了することができました。

博士になったからといって、必ずしもすぐに常勤として就職できないことだけは、昔も今も変わりません。そこで師に紹介されて文教大学で非常勤講師として働きながら、論文を発表していくことになりました。

やがて、博士論文にある外戚の正統性を白虎観会議の公羊学説に求める箇所について高く評価くださった加賀栄治先生から、北海道教育大学函館分校にお誘いいただきました。加賀先生は魏晋思想研究の第一人者です。鄭玄《じょうげん》から魏晋にかけての思想史を精細に解明した『中国古典解釈史』魏晋編（勁草書房、一九六四年）は、卒業論文を書いていたときから何回も読んでいました。

加賀先生は、諸橋轍次先生の晩年の弟子にあたり、『大漢和辞典』の編纂にも携わられました。北海道教育大学を退職され、文教大学に勤められたのちに、講談社で大漢和よりも大きな辞書の編纂にあたられていました。バブルの崩壊もあって、残念ながらその辞書は完成しませんでした。加賀先生は、お仕事の合間に、函館に帰省されましたが、その際には必ずお目にかかりました。

早朝に電話がなると、テンションの高い加賀先生の声がして、「きょう、昼過ぎには行くぞ。首を洗ってまっておれ」と伝えられます。バタバタと準備をしていると、青柳町のご自宅から、夏であれば自転車に乗って颯爽と大学に現れ、諸先生方のご挨拶を受けたあとは、わたしの研究室で論文の批判をしてくださいました。

とくにありがたかったのは、訓読を一から教えていただいたことです。いまでも、たいして読めませんが、『全訳後漢書』や『全訳三国志』（いずれも汲古書院）に訓読をつけて出版できているのは、このときに勉強させていただいたおかげです。

風光明媚な函館の街で純朴な学生に囲まれながら教員生活を始めたわたしは、落ち着いて博士論文をまとめ直す時間を持つことができました。儒教の国教化について、現在では博士論文の定義の(2)と(5)を合わせ、次の四つの指標により「儒教国家」成立を定義しています。

すなわち、「儒教国家」成立の指標は、

(1)　思想内容としての体制儒教の成立

(2)　制度的な儒教一尊体制の確立

(3)　儒教の中央・地方の官僚層への浸透と受容

(4)　儒教的支配の成立

と考えています。

そして時期も段階的に考えるようになり、「儒教の国教化」は大まかに考えて、

1　前漢景帝期から石渠閣《せききょかく》会議まで　　儒教の国教化の開始
2　前漢元帝期から王莽期まで　　　　儒教の国教化の進展
3　後漢光武帝期から白虎観会議まで　「儒教国家」の成立＝儒教の国教化の完成

の三段階を経て達成されたと主張しています。

博士論文は、学位取得の三年以内に出版する義務がありました。函館の充実した時間のなかで、師の紹介により雄山閣出版から『後漢国家の支配と儒教』として、一九九五年二月に博士論文を手直ししたものを出版することができました。わたしにとって最初の著書になります。

次に出版した『三国志研究要覧』（中林史朗氏との共著、新人物往来社、一九九六年四月）も、出版日こそ大東文化大学に赴任した四月になっていますが、学生たちとデータを集め、編集者の小山光さんに函館に来ていただいて一緒に校正した「函館でつくった本」でした。

後漢と儒教の話が続き、だいぶ三国志からは離れてしまいました。

ここまでお付き合いいただいたのは、「三国志」の時代は一八四年の黄巾の乱から始まり、後漢が曹丕に滅ぼされる二二〇年までは、後漢「儒教国家」が続いていたからです。すなわち曹操は、儒教が国教であった時代しか生きておらず、荀彧も諸葛亮も儒教を勉強して知識人となったのです。

したがって、わたしは「儒教がわからなければ三国時代を正確に分析できない」と考えています。

このため、わたしの儒教研究は今に至るまで続いており、博士論文の継承としては、後漢「儒教国家」における儒教の展開を明らかにした『後漢における「儒教国家」の成立』（汲古書院、二〇〇九年）を出版しました。

寛治から猛政へ

曹操の生きた時代が後漢「儒教国家」であったことを把握していれば、曹操による法律と刑罰の重視は、法家《ほうか》思想によるとは簡単に規定できないはずです。

ところが、中国では文化大革命と批林批孔運動（毛沢東の地位を狙ったとされた林彪《りんぴょう》と封建思想を確立した孔子を批判して革命を継続する運動）を背景に、曹操を法家としていました。

曹操による法律と刑罰の重視は、突然始まったものではありません。曹操が自らの理想とした後漢の大宰相橋玄《きょうげん》も、法律と刑罰を重視していました。それは、後漢の寛治《かんち》と呼ばれる統治方法への反発でした。

後漢「儒教国家」を確立した章帝が推進した寛治は、郷里社会で大土地所有を行い大きな勢力を持っていた豪族を弾圧せずに利用する支配でした。後漢では、人口三十万人程度の郡を支配する郡太守《たいしゅ》に、一年に一名程度キャリア官僚のスタートラインである郎《ろう》に就く者を察挙《さっきょ》（推薦）させる官僚登用制度を採っていました。これを郷挙里選《きょうきょりせん》といい

寛治の仕組み

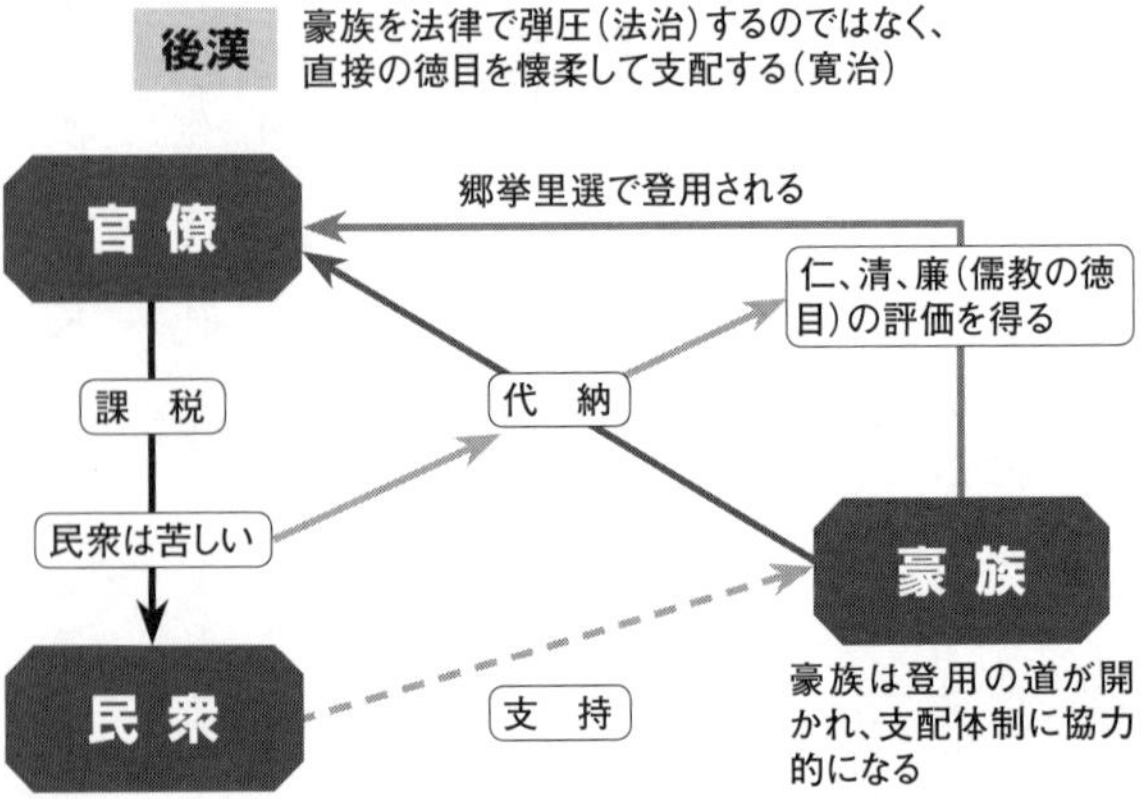

ます。
寛治は、豪族の規制力を郡への支配に利用します。郷挙里選では、儒教の徳目である「清」「廉」「仁」「孝」といった名声を持つ者を察挙するからです。
たとえば、国家の課税が農民を苦しめるとき、その一部を豪族が負担します。すると豪族は、民の苦しみを救おうとする「仁」に基づいて、自らの財産を与える「清」を体現したことになります。
郡守は、税を負担した豪族を郷挙里選で察挙することで、そうした方向へ豪族を誘導するのです。それとともに、郡への課税を漏れなく集めて民を労《いたわ》ります。これが寛治です。

あるいは、郡府（郡の役所）の属吏《ぞくり》は、大部分が豪族の出身です。そこで、郡太守は、属吏をなるべく罰せず、属吏を輩出している豪族の意向に沿った政治に努めていきます。豪族はいろいろな場面で有利になりますが、これも寛治です。

このような寛治は豪族に歓迎され、儒教を深く浸透させることに力がありました。ところが、外戚・宦官が一族や関係者で郷挙里選を独占していくと、寛治は機能しなくなります。法を厳格に適用しない寛やかさは、賄賂の横行を招きました。後漢末の党錮の禁は、この弊害を除こうとした知識人が宦官に弾圧された事件でした。

曹操は、宦官の養子王吉《おうきつ》によって孝廉科《こうれんか》（郷挙里選の常挙《じょうきょ》〈一年に一度の定期採用。他に臨時の制挙《せいきょ》がある〉）に挙げられ、やがて洛陽北部尉《ほくぶい》（首都洛陽の北部警察長官）に任命されています。

そして曹操は、犯罪者を捕らえると権力者と係わりがあろうが、おかまいなく杖殺《じょうさつ》する「猛政《もうせい》」（法刑を重視する厳格な統治）を行っています。

曹操の政治理念となる猛政の典拠は、儒教経典の『春秋左氏伝《さしでん》』にあります。昭公伝《しょうこうでん》二十年に、「政治が寛であれば民は慢《あな》どる。慢どればこれを糾《ただ》すのに猛を用いる。(政治が)猛であれば民は残《そこな》われる。残われればこれに施《ほどこ》すのに寛を用いる。寛により猛を済《すく》い、猛により寛を済えば、政治はこれによって調和する」とあることを論拠に、寛治が弛緩してきた後漢中期ごろから猛政が主張されていました。

猛政を主張した儒者は、寛治の限界を打破するための具体的政策として肉刑《にくけい》の復活を唱えました。前漢の文帝(在位、前一八〇~前一五七年)が廃止するまでは、死刑に次ぐ刑罰として、宮《きゅう》(生殖機能を去る刑)・刖《あしきり》・劓《はなきり》といった肉刑が備えられていたからです。

ところが後漢の章帝期以降、寛治の盛行により、肉刑に次ぐ杖《じょう》(棒打ち)・笞《ち》(鞭打ち)といった刑罰も実効性を失い、死刑の下は髡鉗《こんけん》刑(頭髪を剃り鉄の首かせをはめる刑)となっていました。

曹操が法を犯した者を杖で叩いたのは、文帝が廃止を定めた肉刑は行えないとしても、法体系には含まれながらも事実上なくなっていた杖刑を復活することで、法に従うべきことを示すためです。

寛治の結果、中間刑が欠如して法体系は乱れていたのです。

曹操の猛政を支持した荀彧は、さらに一歩進んだ肉刑復活論者でした。しかも、それは荀彧の娘婿である陳羣の父陳紀《ちんき》にまで遡る潁川《えいせん》郡の知識人に共有された主張でした。潁川郡は、戦国時代の韓《かん》にあたります。法家の韓非子《かんぴし》の出身地なのです。法体系を重視すべきであるという主張は、潁川郡に根強く残っていました。曹操が潁川郡の許《きょ》県に首都を置くのは、自らの主張との共通性をその地域が持つことも、理由の一つでした。

こうした内容を中心とする「『寛』治から『猛』政へ」という論文によって、二〇〇二年に第二十一回東方学会賞を受賞することができました。そのころには、わたしの三国時代に対する視座である「名士」論が、ほぼ定まっていました。

3. 名士論

存立基盤は文化

三国時代は、そこだけで完結しているわけではありません。

中国は、前二二一年に秦の始皇帝が統一してから約四四〇年もの間、統一されていました。ところが二二〇年の後漢の滅亡を機に、五八九年に隋の文帝により統一されるまで約三七〇年間分裂を続けます。

なぜなのでしょうか。

その分裂が三国時代に始まるがゆえに、中国に分裂をもたらしたものと、その後の統一をもたらしたものを考えることなく、三国時代を研究することはできない、とわたしは考えています。

大まかに言えば、分裂をもたらしたものは、地球規模での寒冷化により南下した非漢民族と国家権力に対して分権的な要素を持つ貴族制の成立です。

他方、統一へと向かう要素は、道教・仏教の台頭にもかかわらず「大一統《だいいっとう》」（中国の統一を尊重する考え方）を掲げ続けた儒教が持つ中央への求心力と、曹操の諸政策に始まり律令体制として完成する国家の支配制度の再編にあると考えています。

非漢民族の進攻と仏教・道教の本格的な普及は三国時代の後になりますので、三国時代の研究としては、貴族制と曹操の諸政策が研究の中心となるでしょう。そのうち時代区分論争で中心となっていたのは貴族制の問題でした。その先行研究については、すでに述べてきたとおりです。

わたしは、中国の貴族制を所有とは異なる視座から説明しようとした川勝・谷川両先生の研究に強く惹かれ、それを固有の他者として、自分の視座を立てようとしました。

ヒントになったのは、フランスの現代社会を分析する、社会学者のピエール＝ブルデューの文化資本論でした。

ブルデューのすべての著書が日本語に訳されているわけではないので、函館の同僚でフランス近代史を専門とする吉井明先生に教えていただきながら、ブルデューの学説の勉強をしました。

こうしてわたしは、中国貴族制を分析する方法論として、貴族の存立基盤を「文化」の専有に求める仮説を提示していきました。

それを形成するものの一つが「名士論」です。

西欧・日本の「武」の領主が、土地の「所有」を存立基盤とすることに対し、中国の「文」の貴族は、ブルデューの文化資本論を援用すれば、「文化」資本をその存立基盤とします。三国時代は、それまでの豪族のような大土地所有に存立基盤を置いていた支配者層に代わって、「文」の貴族が形成されていく変革期なのです。

そこで貴族になる以前の三国時代の知識人層を「名士」と呼び、中国における支配者のあり方が変容する三国時代を分析したのです。

中国の支配者層が、「所有」よりも「文化」を優先することは、貴族制の時代が終わり、宋以降の科挙官僚の時代となっても継続していきます。名士論の射程は、中国史全体の知識人のあり方に及ぶのです。

歴史を生産力の発展段階から分析するマルクス主義の唯物史観に反発し、社会の総体として歴史を捉えようとするアナール学派の一翼を担ったブルデューは、経済だけではなく文化もまた資本として、人々を卓越化させる基準となることを明らかにしました。

学問・資格・学歴といった「制度化された文化資本」、絵画・ピアノ・書籍といった「客体化された文化資本」、言葉・振る舞い・センスといった「身体化された文化資本」と、文化資本の詳細を分析しています。

大土地所有などによる経済的な優越は、そのままでは人を卓越化させません。経済資本を文化資本に転化することにより、人は社会のなかで卓越的地位を得られるとしたのです。

たとえば、孫呉に仕えた魯粛は、豪族の家に生まれた大土地所有者でした。黄巾の乱で華北が混乱し、多くの知識人が南下すると、魯粛は先祖伝来の土地を売り払ってまで、かれらを賑恤《しんじゅつ》（経済的に支援）します。

後漢で書かれた『四民月令《しみんがつりょう》』という豪族のために書かれた農業書によれば、豪族の賑恤は一族を対象とすべきで、名声を求めて他人に賑恤し、資産を減らすことは戒めるべきであるとされていました。

河南省より出土した後漢の三連穀物倉の明器（葬具の一種）

『三国志』魯粛伝の裴注に引く韋昭《いしょう》の『呉書』には、「父老はみな、魯の家は代々衰えて、この『狂児』を生むことになった」という父老の苦言が伝えられています。旧来の価値観を墨守する父老には、魯粛の行動が理解できなかったのでしょう。やがて、魯粛の評判を聞きつけた周瑜《しゅうゆ》が、兵糧を無心に来ます。

　魯粛の家には、二つの倉があり、それぞれ三千斛《こく》の米が蓄えられていた。魯粛はそのうちの一つを指さすと、すべて周瑜に与えた。周瑜はますます魯粛の「奇」（抜きんでた才能）を知り、かくて親しく交友し、（春秋時代の）子産《しさん》と季札《きさつ》のような関係を結んだ。

『三国志』魯粛伝

魯粛は、二つ持っていた穀物倉のうちのまるごと一つ、という経済資本を周瑜に与えることで、名声と人脈という文化資本を手に入れて「名士」となったのです。「名士」としての名声と人脈を元手に魯粛は、やがて孫権に出仕します。

名士層の形成

魯粛のように、知識人の間に得た名声を自らの存立基盤とする、後漢末から三国時代の支配層を「名士」（以下「　」省略）と呼びます。名士という言葉は『三国志』などの史料にも用いられていますが、この時代固有の用語ではありません。したがって、名士という言葉はあくまでも分析概念です。分析概念であることは、氏族制、奴隷制など、これまでも使用してきた言葉と同様です。

漢代における社会の直接的な支配者である豪族は、そのまま貴族に発展できたわけではありません。三国時代には、儒教を中核とする文化を存立基盤とする名士が豪族の支持を受け、皇帝権力からの自律性を保ちながら、新たな支配層を形成しました。こうした名士層を淵源に、両晋南北朝（二六五～五八九年）および隋唐（五八一～九〇七年）の支配者である貴族が誕生するのです。

名士という支配層は、西欧や日本とは異なり、社会との直接的な支配隷属関係を基盤としません。名士層が形成された理由は、後漢「儒教国家」の成立と儒教の身体化により、中国文化、とりわけ儒教が育んできた中央への凝集力を持ち、国家の官僚として「経世済民《けいせいさいみん》」（国家を経営して民生を整えること、経済という言葉の語源）に努める知識人像が、支配者層へ強固に浸透していたことにあります。

儒教は、私的武力に基づいて西欧の領主や日本の武士のような権力体を地域に構築することを、あまり評価しませんでした。

郷里社会を超えた広大な地域を統合するためには、社会に直接的な利害関係を持つ豪族よりも、情報を専有し、それを的確に分析できる文化を持つ名士のほうが適していました。しかしながら名士の判断は、時として狭い視野しか持たない民草《たみくさ》には理解できない場合もありました。

たとえば、曹操に仕えた程昱《ていいく》は、黄巾の乱に呼応した反乱勢力と対決したとき、県の豪族層を指揮して故郷の東阿《とうあ》県を守りましたが、その際、自分の策に従わない民を見捨てています。

程昱は、県の大姓（豪族）である薛房《せつぼう》たちに言った。……。薛房たちはそのとおりであるとしたが、吏民（属吏や民衆）はあえて従わずに言った、「賊が西に居れば、ただ東に行くだけだ」。程昱は薛房に、「愚民、事を計《はか》る可《べ》からず（愚民と、物事を相談することはできない）」と言った。……。

『三国志』程昱伝

程昱は、賊からの逃亡だけを考え、策に従わない民衆を見捨て、豪族と協力して県城を奪回し黄巾を撃退します。このとき、程昱が薛房に言った「愚民、事を計る可からず」という語調には、程昱と「吏民」との距離感がはっきりとみてとれます。

荀彧は、「吏民」から乖離している程昱のことを東阿県の「民の望」と称しています。曹操が徐州で大虐殺を行い、陳宮と張邈《ちょうばく》が呂布を引き込んで反乱を起こし、曹操の拠点が荀彧の守る甄城《けんじょう》のほか東阿と范《はん》の二県だけとなったときのことです。

荀彧は、程昱に言った、「今、兗州《えんしゅう》は反乱を起こし、ただこの三城（甄城と范城と東阿城。県の治所は城市に置かれる）を保つだけである。君は郷里社会の与望を担う民の望である。郷里に帰って相談すれば、うまくいくであろう」。程昱は、東阿県に帰った。……このときもまた、兗州従事《じゅうじ》（州の属吏、その州の管轄下にある県の豪族が多く就任した）の薛悌《せってい》と協力し、かくして三城を全うし、曹操の帰りを待った。

『三国志』程昱伝

薛悌は、黄巾を撃退した際に程昱と協力した東阿県の「大姓」薛房の一族でしょう。

となれば、ここに記されている「民の望」は、前述の程昱と郷里社会との関係から考えて、谷川・川勝両先生の「豪族共同体」論が強調する民衆の輿論の支持を受けた指導者への呼称ではありません。

程昱は、一族が兗州従事となるなど州の役所にも出仕していた県の「大姓」薛氏クラスの支持を受けるという「『民』の望」だからです。

現在、日本で使われている社会階層としての民と、荀彧が程昱を称した「民の望」という言葉の、官ではないという意味で豪族をも含む「民」とでは、言葉の含む範囲が異なるのです。

日本人が中国史を研究することは、漢字を共有するだけに有利な点が多いのですが、こうした時代や地域ごとに異なる漢字の意味をきちんと考えずに読みとばしてしまう危険性もあるのです。

後漢末期において、「民」とは「官」の対比概念であり、常に民衆だけを指す言葉ではありません。わたしが、「民の望」により貴族制社会が形成されるという谷川・川勝先生の「豪族共同体」論に従わない理由です。

名士は、自分たちの仲間社会が専有する情報と、判断を下す能力の高さにより、群雄たちに認められ、諸葛亮のように幕下に招致されました。豪族は、仲間社会への名士の参入を期待し、名士を支持し、名士から人物評価を受けようとしました。

名士の家柄は、両晉以降の貴族制のようには固定化していなかったのです。したがって、名士に転化できる可能性が豪族層にも残されていました。それゆえ名士は、豪族の支持を受け、社会の再生産構造（経済的な諸関係）とは乖離した場での名声に依拠する存在でありながら、社会に影響力を持つことができたのです。

君主の対応

名士が存立基盤とする名声は、可視的には人物評価として現れます。曹操に「乱世の姦雄《かんゆう》」、諸葛亮に「臥龍」という人物評語が与えられたのは、人物評価による名声の表現です。とはいえ人物評価は主観的なものであり、分散的で不安定でした。ここに名士が主体的に政権に参加していく必然性があります。

一方、君主権力の端緒となる劉備などの群雄は、名士を幕下に招致し、官僚としての能力発揮を期待しました。

ところが名声を基盤とする名士は、自分の判断を放棄し、唯々諾々《いいだくだく》と命令に従うだけの官僚となって名声を失墜させることを望まない者が多数でした。「軍師」のような君主に尊重される地位に就き、君主に対する自律性を失うまいとしたのです。

これに対して、母の出身のいやしさのために貶められた公孫瓚《こうそんさん》が商人と義兄弟の契りを結んだように、名士の文化的価値を認めず、経済力や軍事力など直接的な権力強化にのみ努める群雄も存在しました。

また、袁紹《えんしょう》・劉表《りゅうひょう》といった名士出身の群雄は、自分と同質の名士層の儒教的価値基準をそのまま用いて政権を樹立しました。その場合には、名士層と君主とが文化的に同質であるために、君主としての独自性を保持できず、権力を確立できないことも多かったのです。

袁紹は、後漢末の群雄のなかで最も広い領域を支配しています。名士も多く参集していました。さらに、異民族を軍隊に編入し、曹操の配下までもが内通していました。

それでも、袁紹が曹操に敗れた理由の一端は、名士層の文化的価値を尊重し過ぎたため、君主権力を確立できず、弛緩した後漢型の支配を再生産したことにあります。ここからは、新しい時代を切り開く力が生まれなかったのです。

袁紹に敗れた公孫瓚のように、名士の文化的価値を否定し、名士層との連携を拒否する群雄は、結局は支配地域が安定せず、政権の保持に失敗しました。

逆に袁紹・劉表のように、名士を一方的に尊重する群雄は、地域の支配は安定するものの、君主権力の脆弱《ぜいじゃく》性から軍事的に敗退していきます。君主権力の確立と名士層の社会的影響力の発揮という両者のバランスのとれた勢力だけが生き残っていったのです。

後漢末の戦乱を勝ち抜き、三国の政権を樹立し得た者は、名士と自分の権力のバランスをとることができた曹操・劉備・孫権だけなのでした。三つの政権は、同時代に形成されながらも、名士との関係性の違いによって異なった特徴を持っています。

名士の抱負の実現――蜀漢

諸葛亮を三顧の礼により迎えるまでの劉備集団は、関羽・張飛を中心とする傭兵集団で、名士が居つかず根拠地を確保できませんでした。そこに加入した諸葛亮は、徐州琅邪国の出身でしたが、名声の場は学問を身につけた荊州襄陽郡にありました。

このため諸葛亮は、荊州名士層の指導者となって、名士の社会的影響力を発揮させ、劉備の最初の根拠地として荊州南部を確保しました。

そのため劉備も、龐統《ほうとう》や馬良《ばりょう》・蔣琬《しょうえん》など諸葛亮の勢力基盤である荊州名士を優遇せざるを得ませんでした。こうして諸葛亮の存在あっての劉備政権となり、劉備個人の権力は以前より弱体化しました。

そこで劉備は、蜀に入り益州を支配したことを契機に、司隷扶風《しれいふふう》郡出身の法正《ほうせい》を寵遇して、諸葛亮の対抗勢力を形成しようとしました。これに対して諸葛亮は、益州在住の荊州名士を抜擢して、勢力基盤を補強します。費禕《ひい》・董允《とういん》などが重く用いられるようになる理由です。

そうしたなか、劉備は、関羽の仇討ちのための孫呉討伐に失敗します。

さらに、法正の死去により、諸葛亮の勢力は拡大しました。劉備が「君自ら取るべし」（諸葛亮が劉禅に代わって君主になるとよい）と諸葛亮の即位に釘を差すような遺言を残したのは、劉備の君主権力と諸葛亮ら名士勢力とのせめぎあいにおいて、諸葛亮が優勢であったことを示します。

こうして、諸葛亮の勢力基盤であった荊州名士が、政権の枢要部を独占するという、蜀漢政権の人的構成の特徴が明確に現れてくるのです。

劉備の崩御にともない、全権を掌握した諸葛亮は自分の抱負に基づく政治を行います。名士たちの多くは、自分たちの人物評価のとおりに国家の官僚となり、儒教に基づいて漢を復興することを抱負としていました。諸葛亮が政権を掌握していた時期の蜀漢（正式な国名は漢、あるいは季漢《きかん》）は、その理念を実現したものとなりました。「聖漢による大一統」（聖なる漢が中国を統一する）を目指す曹魏への北伐は、益州豪族の経済的既得権を尊重し、益州統治を安定させたうえで行われました。

益州名士は、諸葛亮を中心とする名士社会に人物評価を通じて組み込まれ、蜀漢名士

漢中に残る諸葛亮の墓

社会が形成されます。後から政権に参加した益州名士は、諸葛亮を中心とする荊州名士の優越を、人物評価によって現される蜀漢名士社会の自律的秩序が官職に反映されたものとして受け容れました。

したがって、益州名士の社会への影響力も、蜀漢のために十分に発揮され、諸葛亮輔政期の蜀漢は、益州の支配を確立できたのです。

諸葛亮は「漢」の最終的な継承者でした。主君劉備が漢室の一族と称し、漢室復興を国是に曹魏と戦い続けたためだけではありません。後漢「儒教国家」で確立した儒教一尊の価値観の正統な後継者なのでした。

諸葛亮は、自らが修めた荊州学（後漢末の荊州で起こった実践を尊重する新しい儒教）に基づき「猛政」を推進するなどの新しさを加えながらも、「聖漢の大一統」という「漢」の儒教の価値観を追求し続けたのです。

ところが、諸葛亮がつくりあげた蜀漢における荊州名士の優越は、永続しませんでした。名士の抱負が実現した蜀漢では、九品中正のような名士の優越を再生産するための制度が構築されなかったからです。

また、国力にそぐわない北伐の継続は、益州名士に政権からの距離感を抱かせました。諸葛亮輔政期に形成された蜀漢名士社会は、姜維《きょうい》の北伐を契機とする益州名士の離反により分裂しました。この結果、後主《こうしゅ》劉禅の延長権力である宦官黄皓《こうこう》の専横を抑制できるものはありませんでした。

宦官による国政の私物化は、後漢崩壊の原因でした。「漢」の復興という名士の抱負を実現した蜀漢政権は、「漢」が共有する国家構造上の弱点を克服することなく、滅亡したのです。

君主権力の強化――孫呉

　微賤な出自から名士とは無関係に武力に基づいて勢力を伸長した孫堅《そんけん》は、のちに「漢《かん》室匡輔《しつきょうほ》」（漢を守り助ける存在となる）という理念にまとめられる漢への忠義を正統性に掲げ、武将の優遇により政権の軍事的基盤を確立しました。

　孫氏は、その理念ゆえに、当初は漢の「四世三公《しせいさんこう》」（四世代続けて宰相を輩出）の「汝南《じょなん》の袁氏」の嫡流である袁術《えんじゅつ》に駆使されました。

　しかしながら、袁術が漢の簒奪を目指すという自己矛盾のなかで崩壊すると、孫堅の子である孫策《そんさく》は自立に成功します。

「漢室匡輔」に共感する後漢の揚州を代表する名家出身の周瑜と、安定した亡命先として「漢室匡輔」に努める孫氏を支持する張紘《ちょうこう》・張昭《ちょうしょう》ら北来名士に支えられた孫策は、社会的名位の劣る孫氏への江東《こうとう》名士・豪族の反発に対して猛然と弾圧を行います。君主権力は強化されましたが、孫氏と江東名士との対立は止みません。

　やがて孫策が死去し、弟の孫権が人材を登用すると、孫氏と江東名士の妥協は進みました。その象徴が江東名士を代表する陸遜《りくそん》の出仕と孫策の娘との婚姻でした。

ところが、曹操の南下を機に政権の矛盾が顕在化します。

その結果、「漢室匡輔」のための降服を主張する張昭ら北来名士と、「漢室匡輔」のために曹操打倒を主張する周瑜、および孫呉の自立を主張する魯肅らの主戦論とが対立し、江東名士は前者に与《くみ》する沈黙の抵抗をみせます。

周瑜の活躍により、赤壁の戦いに勝利を収めたため、孫呉の君主権力は強化されました。それでも、降服を唱えた北来名士、同調した江東名士への対応など、事後に多くの課題を残したのです。

赤壁で勝利を収めた当初、孫権は、周瑜の説く曹操打倒による「漢室匡輔」を目指しました。しかし、周瑜の病死とともにその現実性は希薄化します。このため孫権は、魯肅の説く江東での自立の方向を目指します。

しかしながら孫権は、張昭を頂点とする北来名士には信頼を置けず、江東名士とも本来的に対立関係にありました。このため、君主権力と名士との対峙性が増したのです。

結局、孫権はこれを克服できませんでした。近臣の重用など皇帝の私的権力の強化に努めたにもかかわらず、北来名士の代表である張昭を屈伏させられなかったのです。

孫権は、二宮《にきゅう》事件（孫権の後継者争い、『三国志演義』には描かれない）において、君主権力の拡大を目指し、それに反発した陸遜が憤死すると、江東名士は政権と距離を置くようになりました。

最後の皇帝となった孫皓《そんこう》もまた、この流れに抗することはできませんでした。名士は自分たちの価値基準に基づく人物評価を張り巡らせていたのです。

具体的には、名士層は、大公平《だいこうへい》制度（曹魏の九品中正に似た官僚登用制度）により自律的秩序を国家の官制にまで反映させ、君主権力の直接的な基盤であった軍部までも取り込んでいたのです。ここにきて、皇帝は存立基盤を喪失します。

孫皓は、権力の確立を目指して足掻《あが》きました。名士と厳しく対立し、「暴君」と呼ばれ、強引な政治を展開しました。

しかし、単なる武力に基づく皇帝権力の強化だけでは、文化的価値を存立基盤とする名士には対抗できず、孫呉は滅亡するのです。

時代を切り開く革新性――曹魏

曹操は、袁紹のような名門出身ではなく、宦官の養子の子ですが、個人の実力のみで勢力を伸長したわけではありません。

祖父の曹騰は、中央官界に幅広い人脈を有していました。曹操はそれを利用しながら、名士社会に参入することで政界に進出を果たしたのです。

曹操の基盤は、軍事的には青州《せいしゅう》黄巾を再編した青州兵という直属の軍事集団と、曹《そう》仁《じん》・夏《か》侯惇《こうとん》などを中核とする方面軍司令官に置かれました。経済的には、隋唐帝国の均田制の源流となる屯田制が中心となりました。

青州兵は、太平道《たいへいどう》という原始道教を信仰する青州黄巾を集団ごと受け入れたものです。屯田制は、荒廃した土地を整備して農民に与えるというものでした。いずれも曹操の革新性が強く現れた政策といえます。

また、荀彧が袁紹を見限り、曹操に従ったことは政治的に大きな意味を持ちました。袁紹の出身地で、名士の中心地であった汝南《じょなん》郡と並ぶ潁川郡出身者が、荀彧の推挙により曹操の集団に数多く加入したからです。曹操は、荀彧の故郷である潁川郡で屯田制を創設し、潁川郡の許県に献帝《けんてい》（後漢最後の皇帝）を迎えました。

郭嘉《かくか》など荀彧が推挙した潁川名士たちは、儒教に基づく人物評価を展開しながら、後漢「儒教国家」の価値観を批判的に継承しました。

その一方で、『春秋左氏伝』に基づく「猛政」を尊重し、弛緩した後漢の支配を建て直そうとします。かれらは曹操の革新性と共通項を持っていたのです。

さらに潁川名士は、猛政への展開のなかで培《つちか》った法知識を生かします。荀彧の娘婿である陳羣は「新律十八篇《しんりつじゅうはちへん》」と呼ばれる法典編纂の中心となり、曹魏の国家権力を強化していくことになります。

すでに述べたように、潁川郡は戦国時代の韓の故地で、かつて法家の韓非子を出した土地です。伝統的に法を尊重する地域でした。このため法家思想を組み入れ儒教の内容を変容させながら、国家権力の再編へと踏み出していくことができたのです。

曹魏では、名士が自律性を持ちながらも君主に協力しました。君主は対峙性を持ちながらも名士を重用しています。その接合点には、「猛政」の尊重に代表される儒教理念の内発的展開が存在していたのです。

とはいえ、名士層が持つ閉鎖的な仲間社会、人物評価、そして評価の根本に置かれた儒教的価値観は、それを乗り越えようとする曹操の君主権力と対峙性を持っていました。それでも曹操が袁紹という強敵を抱え、名士の協力を無条件に必要としていた時期には、密接な協力関係が続きます。

ところが曹操が君主権力の確立を目指していくと、名士の代表者である荀彧と曹操との緊張関係が高まっていきました。

対立を決定づけ、両者の破局を招いたものが曹操の魏公就任でした。魏公就任は、儒教が尊重する漢に代わる魏の建国への第一歩となります。荀彧は、儒教に殉じて死を選びました。漢を正統とする儒教を学んできた荀彧には耐え難かったのでしょう。

曹操は、荀彧らの価値観の中心にある儒教を崩壊させるため、新たな文化的な価値基準として「文学」を宣揚していきます。儒教を基準に行われてきた人事の基準も、「文学」を用いて、名士の価値基準である儒教を相対化しました。

曹操の革新性は、軍事・経済・政治だけではなく文化面にまで及んだのです。

曹操の「文学」とは、具体的には詩でした。詩は、心の中にある志を表現するものです。曹操は、儒教が尊重する人としての正しさよりも、その志により人を判断しようとしたのです。

「文学」は、主観的な要素の強い文化です。簡単にいえば、曹操が優れていると定めた詩が、優れた詩となります。したがって、君主が名士に対する評価を定める際の新たな価値基準とするために有効だったのです。

やがて、曹操が始めた「文学」の政治的宣揚は終焉を迎えます。「文学」的才能に恵まれた弟の曹植《そうち》との後継者争いのなかで、曹操の嫡長子である曹丕は、次第に儒教の尊重へと回帰していきました。

それは、曹操の攻撃を受け、儒教も大きく変容していたためでした。儒教は、「漢」との結びつきを弱め、革命を容認するようになっていたのです。

曹丕は、そうした儒教に基づき禅譲を行い、後漢を滅ぼし曹魏を建国します。中国の古典国家である「漢」は、ここに滅亡したのです。

文帝（曹丕）は、具体的には、漢魏革命にあたって古《いにしえ》の帝王である堯舜の革命を典範としました。儒教経典である『礼記』礼運《らいうん》篇の「天下を公《こう》と為《な》す」という理念により、即位を正統化したのです。

後漢「儒教国家」が『春秋公羊伝』により漢を聖なる国家とし、その支配を絶対的に正統化していたことに比べると、「公」より「私」へと転化したときに革命を許容する「天下を公と為す」は、相対的な正統論にとどまります。

したがって、「党人」（名士の源流。儒教に基づき後漢を守ろうとしたが、宦官の意向を受けた桓帝・霊帝に党錮の禁により弾圧された）に代表される後漢の儒教官僚が、あるいは荀彧すらもが命を懸けて漢を護ろうとしたことに対して、曹魏の名士は皇帝権力に対して自律性を持ち続けました。

文帝を嗣《つ》いだ明帝《めいてい》（曹叡《そうえい》）は、諸葛亮の死後、解放されたかのように、宮殿造営に代表される「私」的な皇帝権力の強化を行いました。それを批判する名士の与望を担っていた司馬懿が、荀彧・陳羣の後継者として勢力を伸長します。

一方、明帝崩御の後、幼帝曹芳《そうほう》を支えた曹爽《そうえい》は、何晏《かあん》を政権の中核に据えて君主権力の再編を目指します。何晏は、儒教のなかに老荘思想を位置づけ直した「玄学《げんがく》」を最新の文化的価値として創出し、人事権を掌握して名士に対抗しました。

これに対して、州大中正《しゅうだいちゅうせい》の制（九品中正制度をさらに名士有利に改制）を提議して、名士たちの曹爽への反発を束ねた司馬懿は、正始《せいし》の政変により曹爽政権を打倒します。儒教を守り、名士の既得権の保全を図る司馬懿に名士の支持は集まったのです。

司馬懿の子である司馬昭《しばしょう》は、二六三年に蜀漢を滅ぼして、司馬氏の権力を確立しました。その子の司馬炎《しばえん》は二六五年、禅譲を受けて曹魏を滅ぼし、西晋を建国します。そして司馬炎は、二八〇年に孫呉を滅ぼして中国を統一、ここに三国時代は終焉を迎えるのです。

漢の影響力と魏の果断

名士論の視座から三国政権それぞれの特徴を検討していくと、漢の影響力の強さと魏の果断に、改めて気がつきます。

蜀漢だけが「漢」の正統を継承する国家であったわけではありません。孫呉もまた

「漢室匡輔」を掲げていました。漢魏革命により、それが不可能になった後には、孫呉は自分の政権の正統性の所在に苦しむことになります。

三国時代の支配層である名士の基盤である文化的価値の中核にも、漢を正統とする儒教が存在しました。諸葛亮は荀彧にくらべると、儒教の命ずるまま、漢の影響力のままに、漢室復興に生涯を捧げました。幸せな生涯と言えるかもしれません。

これに対して、漢を奪おうとする曹操を助けた荀彧の苦悩、その果ての憂死は、四百年もの長きに渡って統一国家として天下に君臨した漢の影響力の強さを物語ります。

その漢を乗り越えた魏は、果断といえるでしょう。決断力に富む曹操ですら、漢の正統性の前ではたじろぎ、自らは革命を行えませんでした。

それでも曹操は、子の曹丕が魏を建国できる正統性を着実に準備しました。なかでも、漢の正統性と密接に結びついた儒教の価値を相対化するため、他の文化的価値、具体的には「文学」を宣揚した先見性は高く評価されましょう。

文化的価値の専有に基づく名声を存立基盤とする名士に対抗できる手段を見つけられなかった孫呉の狼狽ぶりと比較すれば、曹操の卓越性はさらに際立ちます。

その果断の故に、自己の保持には成功できなかった曹魏ですが、時代を切り開く先進性を有していました。ここに後漢「儒教国家」は大きく変容し、皇帝が、そして貴族が儒教を根底に置きながらも、さまざまな文化に価値を認めていく「儒教国家」変容の時代が幕を開けるのです。

もちろん、歴史は直線的には進みません。

曹魏の名士への対抗策に、儒教を掲げて勢力を伸長した西晋は、「儒教国家」の再編に成功します。その政策の多くが儒教の経典に典拠を持つように、「儒教国家」としての完成度は後漢よりも西晋のほうが高いのです。

それにもかかわらず、西晋は統一後二十年足らずの安定をもたらしただけで、八王《はちおう》の乱・永嘉《えいか》の乱で滅亡します。前者は寒門《かんもん》（貴族になれなかった豪族層）、後者は非漢民族という儒教が虐げた者たちの「儒教国家」への反発でした。仏教・道教の隆盛は、目前まで迫っていたのです。

わたしは東京に戻ってきたあと、岸本美緒先生に東京大学、工藤元男先生に早稲田大学の大学院に非常勤講師として招聘していただき、このような内容の三国政権論を講義することができました。それをまとめたものが、『三国政権の構造と「名士」』（汲古書院、二〇〇四年）という二冊目の研究書です。

この本をもとに、一般書として講談社から選書メチエとして出版したものが、『「三国志」の政治と思想―史実の英雄たち』（講談社、二〇一二年）です。

選書メチエは、「かんたんでなくともよい」という編集者の青山遊さんのお言葉に従って、史料は現代語に訳しましたが、研究書の骨格を残したまま出版しました。それゆえ、名士論がわかりにくい、とりわけ名声が存立基盤となることがわかりにくかったようです。

そこで、後漢から三国時代の人事において、いかに名声が重要であったのかを示すために、『人事の三国志―変革期の人脈・人材登用・立身出世』（朝日新聞出版、二〇一九年）を出版しました。編集者の高橋和記さんは、たいへんな三国志マニアで、面倒な表の校正を懸命にしていただきました。

『三国政権の構造と「名士」』というタイトルに明らかなように、先にふれた研究書は、名士論を視座とした政権構造の分析が中心でしたので、三国時代の国際関係については、別の研究書をまとめました。

それが、『三国志よりみた邪馬台国―国際関係と文化を中心として』（汲古書院、二〇一六年）です。

邪馬台国に関する部分だけは、先に『魏志倭人伝の謎を解く―三国志から見る邪馬台国』（中央公論新社、二〇一二年）として出版していました。

『三国志』巻三十　東夷伝　倭人の条が、「魏志倭人伝」として独自に読まれている現状を鑑みて、『三国志』全体のなかに位置づけるとこのように読める、ということを示さなければならないと考えたためです。

これについては、改めて第三章で触れることにします。

4. 貴族制論

貴族制への視座

当時勤務していた大東文化大学は、漢学振興のため貴族院の発議で設立された学校を起源とするので、多くの中国学の先生方から教えをいただきました。

なかでも研究室が隣であった溝口雄三先生からは、明清以降の儒者が「封建」・「大学」・「井田《せいでん》」を三大政策として、文集などに自分の考えを述べることが通例であると教えていただきました。それはいつごろからかな、と考え、西晉「儒教国家」から始まることに気がつきました。

小川陽一先生からは、白話文学としての『三国志演義』のおもしろさや評《ひょう》の重要性などを教えていただきました。『三国志演義事典』（大修館書店、二〇一九年）などを共著で出させていただいている仙石知子先生は、溝口・小川両先生の教え子にあたります。

封建―郡県の対比により語られる政治体制論、大学に象徴される儒教教育と官僚登用制度、周の井田制に理想を求める土地政策が、儒教経典を典拠として形成されていくのは、西晉「儒教国家」が最初となります。

西晉の井田政策である占田《せんでん》・課田《かでん》制度は『礼記』、西晉の大学にあたる国子学《こくしがく》は同じく『礼記』の鄭玄注を典拠としています。同姓の諸侯・諸王への封建は『春秋左氏伝』、異姓の功臣に対する五等爵《ごとうしゃく》の封建は『礼記』王制篇《おうせいへん》を典拠としています。これらの諸政策のうち、五等爵制こそ、中国の貴族制を理解する鍵になるとわたしは思いました。

三国時代は、谷川・川勝両先生に代表される京都学派の説によれば、貴族制の始まりの時代とされます。

わたしは、三国時代にはまだ貴族制は成立しておらず、貴族の前身となる名士が社会の支配層である、としています。貴族制は、曹魏の最末期、蜀漢を滅ぼした司馬昭による五等爵制の形成により成立する、と考えました。

名士を研究するだけではなく、貴族制に対する自分の考え方を提示しなければ、三国時代が本当に理解できたことにはならなかったのです。

それまでの中国貴族制に関する研究では、日本のものが最も優れていると考えていました。中国における貴族制の研究は、当該時代をマルクス主義の唯物史観に基づき封建制と規定し、貴族が地主であることは自明とされ、国家もまた地主の政治権力であると明確に規定されていました。それらは、世界史のなかにおける独自性を追究する視角に乏しいものでした。

欧米においても、中国近代を代表する学者である陳寅恪《ちんいんかく》の「関隴集団《かんろうしゅうだん》」論（隋唐帝国の帝室の出自と北朝系の貴族との関わりを解明した研究）を承けたE＝プーリィブランクやD＝トゥイチェットらの「関隴集団」の評価・位置づけが研究の中心でした。これも中国貴族制固有の存立基盤を意識した研究が行われているとは言い難いものです。

すでに述べたように、日本では「世界史の基本法則」を中国史に適用しようとしました。そこでは、西欧の封建制度との意識的・無意識的な比較が行われています。魏晉南北朝（二二〇～五八九年）・隋唐（五八一～九〇七年）を古代と理解するのか、中世と理解するのかという時代区分論争と関連づけて、貴族制が研究されたためです。

日本の中国貴族制研究は、貴族の所有する土地を荘園と位置づけ、そこで働く隷属民を奴隷であるのか、農奴であるのか、と論争することから始まりました。そして、「所有」から距離を置く方向に進みます。日本では、貴族の存立基盤が、土地などの「所有」を第一義としないことを自覚的に追究していたのです。

それは、西欧とは比較にならないほど強大な皇帝権力が「民庶」を支配していましたことによります。貴族の荘園で働く隷属民の階級性を論じることは、必ずしも貴族制の本質に近づくものではない、と考えられたのです。矢野先生の「寄生官僚」論や川勝・谷川先生の「清流豪族」論は、こうした風潮のなかで成立したものでした。

わたしが、貴族、およびその前身である名士の存立基盤を土地の所有ではなく、文化の専有に基づく名声に求めたことは、すでに述べたとおりです。そのうえで、中国における貴族制のあり方を解明するためには、さらに二つの視座を導入することが必要であると考えました。

第一は、国家権力と皇帝権力を分離して検討する視座です。

ビザンツ帝国研究では当然とされている視座ですが、中国史では国家権力と皇帝権力とが、ほぼ同様に見えるほど皇帝権力は強大です。

しかし、漢代には、すでに国家財政を取り扱う大司農《だいしのう》と帝室財政を扱う少府《しょうふ》とが、きちんと分割されていました。皇帝と官僚機構を総体とする公的な国家権力と、皇帝個人の私的権力とは区別して分析しなければ、この時代の中国を明確に理解できません。

たとえば、西晉では社会の分裂化傾向に対応し皇帝の一族を諸王に封建して、その土地の支配を委ねる政策が推進されました。皇帝が直接支配できる農民の数は少なくなるので、皇帝権力は弱体化し分権化していきます。それでも、全国を画一的な官僚制度で統制できなくなっているときに、皇帝と諸王とが一族という血のつながりで強固に結束できれば、国家権力としては支配の強化策、集権化政策となり得るのです。

実際には、諸王は皇帝（恵帝）の言うことを聞かず、やがて八王の乱が起こって、西晉は衰退します。しかし、政策の理念としては、国家権力を分権化するために封建したのではありません。とすれば、同じ封建ですから、貴族制の成立の契機になった五等爵の封建も、その理念から考える視座が必要となるのです。

第二は、「貴族」と貴族制とを分離して検討する視座です。

名士を起源とする社会的な存在である「貴族」は、文化の専有への名声を存立基盤とした支配者層です。それに見合った高官に、世襲的に就く事例も結果として多く存在します。

これに対して、国家的身分制度として存在する貴族制は、民である「庶」と貴族制で定めた貴族（「士」）とが婚姻関係を結ぶことを国家権力の物理的表現である法によって禁止しています（「士庶区別《ししょくべつ》」）。そこでは貴族は、皇帝権力により自らとの親しさに応じて与えられた五等爵が州大中正の制と結合することで、国家的身分として貴族の地位を代々世襲していきます。

社会的な存在である「貴族」が、国家的身分制度である貴族制において、「貴族」の自律的秩序どおりの地位に常に就いているのか、というとそうではありません。

皇帝権力は、支持基盤を充実させるために、自らとの近さにより、貴族の地位を五等爵に則って定めていきます。それが「貴族」たちの不満を生んだのです。

皇帝権力は、国家権力としては正しくない方向性であったとしても、「貴族」の不満をよそに、貴族への優遇を続けました。

このような視座で分析すれば、「上品に寒門なく、下品に勢族なし」（九品中正制度で高官に付ける二品をもらう者に非貴族のものはおらず、下の品をもらう貴族もいない）と表現された「貴族」の九品中正制度への批判も初めて理解できるのではないか、と考えました。

ただし、これだけの説明では、国家が制度として定めた貴族と、名士の流れを汲む、文化の専有を存立基盤とする「貴族」との関係など、わかりにくい点が多いと思いますので、歴史の流れを遡りながら、もう一度説明いたします。

九品中正制度

曹魏の建国時、陳羣の献策により設けられた九品中正制度は、郡ごとに置かれた中正官が、任官希望者に一品（は例外的でふつうは二品）から九品までの郷品《きょうひん》をつけ、理由となる「状《じょう》」という人物評価を付して推挙する官僚登用制度でした。

任官希望者は、それぞれの郷品から原則として四品下がった官品《かんぴん》（実際の官僚のランク、宰相は二品）から官僚として起家《きか》します。順調にいけば、それぞれの郷品と同じ官品の官職まで出世できました。

たとえば、二品のような上品の郷品をもらい、六品官で起家すると、二品官の宰相まで出世できました。これに対して、六品のような下品の郷品では、六品の地方官止まりの生涯を送ることになったのです。

このように九品中正は、中正官より得た郷品により、一生の出世がほぼ定まる制度なのです。

郷品とともに人物評価である「状」をつける必要があるため、中正官に任命されるものは、その多くが名士の出身でした。荀彧の後継者である陳羣が、名士の既得権を守るために献策した制度であることがわかります。

一度定められた郷品は、不孝を犯すと下げられ、「士」の階層から除名されることもありました。

たとえば『三国志』を著した陳寿は、親の喪に服しているときに薬を飲んで不孝とされ、郷品を下げられています。すなわち、制度の根底に置かれているのは、「孝」という儒教理念なのです。

九品中正制度

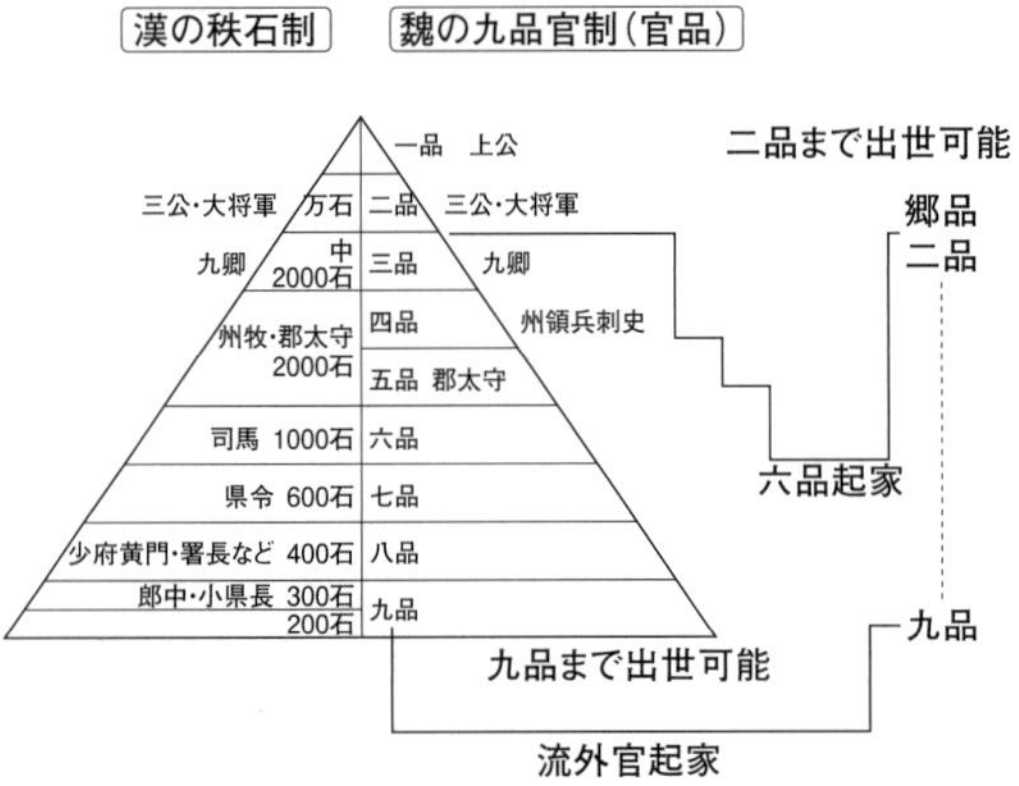

「孝」を根底とする儒教という文化を持つ者に与えられる「状」を基準に、郷品が定められる九品中正制度は、ピエール＝ブルデューの言う「制度化された文化資本」に当たります。

名士の存立基盤としての文化は、卓越化のための制度を得ていたのです。

これに対して、君主権力は、九品中正制度を文化ではなく、君主との近接性により卓越化できる制度に変容させようとします。

そのために曹魏の末期、司馬昭は五等爵制を九品中正制度に組み合わせたのです。

それは父の司馬懿が、名士の既得権を侵害した曹爽政権に対する名士の反発を束ねるために定めた、州大中正の制を踏まえて行われました。

曹魏への反動――西晉

西晉「儒教国家」を形成した司馬氏は、曹魏のなかで勢力を拡大し、魏晉革命を起こすまでに、二つの大きな政策を実施しました。

第一は、州大中正の設置であり、第二は、五等爵制の施行です。

州大中正の制は、これまでの郡中正のうえに、州ごとに大中正を置くものです。司馬懿は、有力な名士を州ごとに大中正に任命して、人事に大きな影響を与える郷品を付与する権限を掌握させたのです。名士の支持は司馬懿に集まりました。

ただ、州大中正の設置は、司馬氏の権力が唯一無二の公権力として、あまたの私権力の上に屹立《きつりつ》することを可能にするものではありません。司馬氏も、有力の名士の一つとして、他の名士と質的に異なることはなかったからです。

そこで、子の司馬昭は、蜀漢を平定した際の論功行賞を契機に五等爵制を施行します。

五等爵制は、州大中正の制と組み合わせることにより、五等爵を持つ者の郷品が二品以上となるものでした。

官位と異なり爵位は世襲できるので、五等爵を受けたものは、高官を世襲できる貴族になります。さらに、公―侯―伯―子―男という階層のうえに、司馬氏しか付けない王、さらにそのうえに天子という爵位が乗ることにより、司馬氏を唯一無二の地位に高めると共に、国家的な秩序としての身分制をつくりあげるものでした。

世襲性を帯びた官僚制度の運用という中国貴族制の属性は、西晉の皇帝権力の手により生み出されたのです。

さらに西晉を建国した司馬炎は、国家的身分制度としての貴族制を形成したうえで、民爵を賜与される「庶」との間に、身分制的な内婚制（士と庶はそれぞれの身分の内部で結婚し、士と庶が結婚することはできない制度）である「士庶区別」を形成していきます。士である貴族（「士」）と「庶」を法的に区別する身分制度を形成したのです。

同時に、司馬氏は、五等爵を超えた天子として、あまたの「貴族」、広範な「庶」の上に屹立する唯一無二の公権力として正統化されました。

州大中正の制だけでは、中正官が郷品を決定でき、皇帝はそれに介入しにくいため、「貴族」の自律性に基づき、「貴族」の理想とする「貴族制」が形成されます。

これに対して、五等爵の賜爵は皇帝の専権事項であるため、皇帝が定めた秩序に基づいて国家的身分制として貴族制を形成できるのです。

すなわち、「貴族」は文化的諸価値の専有を存立基盤とする社会的身分であり、皇帝権力からの自律性を持つものなのです。

ところが、世襲的に高官を独占するという貴族制は、皇帝による五等爵の賜与が、州大中正の制と相俟って国家的身分制として創り出したものなのです。

五等爵の賜与で国家的身分制として形成された西晋の貴族制は、制度化された文化資本を皇帝権力に収斂《しゅうれん》しようとするものでした。

西晋「儒教国家」で形成された国家的身分制としての貴族制は、五等爵位の有無によって、世襲的に貴族と成り得るか否かを定めるものとなりました。

しかし、名士以来の皇帝権力に対する自律性を持つ「貴族」は、貴族制とは異なる起源を持つ、と考えられました。国家的身分制と社会的秩序とは、必ずしも等しくないの

漢の二十等爵制と西晋の五等爵制

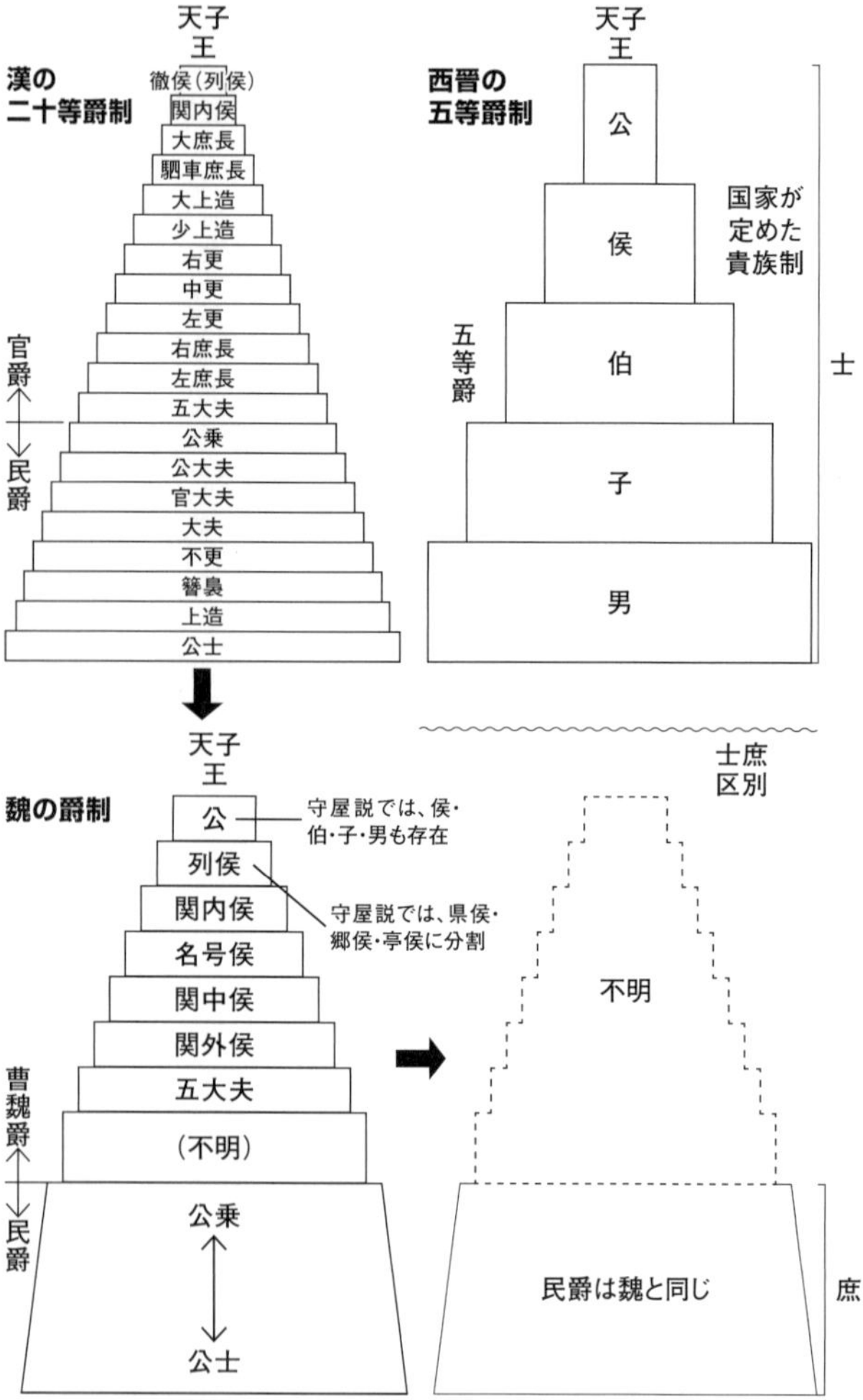

天子
王
漢の
二十等爵制
徹侯(列侯)
関内侯
大庶長
駟車庶長
大上造
少上造
右更
中更
左更
右庶長
左庶長
五大夫
公乗
公大夫
官大夫
大夫
不更
簪裊
上造
公士
官爵
民爵
天子
王
西晋の
五等爵制
公
侯
伯
子
男
五等爵
国家が
定めた
貴族制
士
士庶
区別
天子
王
魏の爵制
公
守屋説では、侯・
伯・子・男も存在
列侯
関内侯
守屋説では、県侯・
郷侯・亭侯に分割
名号侯
関中侯
関外侯
五大夫
(不明)
曹魏爵
民爵
公乗
公士
不明
民爵は魏と同じ
庶

です。

もちろん、五等爵制による貴族制の成立にともない、九品中正制度が世襲性を帯びて運用されたので、「貴族」の自己認識のなかにも、生得的にその地位を世襲できるとの属性が加わったことは間違いありません。

「貴族」は本来、存立基盤を儒教を中心とする文化的諸価値の専有に求める存在です。世襲可能な爵位によって運用される皇帝主導の国家的身分制としての貴族制に、満足した者ばかりではありませんでした。文化が皇帝権力によって一元化されない限り、「貴族」は皇帝権力からの自律性を持ち続けるのです。

「貴族」の文化とは、具体的にはどのようなものなのか、という疑問が生じますが、とりあえずここまでを本にまとめました。渡邉義浩『西晋「儒教国家」と貴族制』（汲古書院、二〇一〇年）です。西晋の二八〇年、孫呉の滅亡までが「三国志」の範囲ですが、テーマが難解であるため、一般書にまとめることは躊躇《ためら》っていました。

やがて、諸葛亮の死後の「三国志」を書いてほしいという求めに応じてまとめたものが、渡邉義浩・仙石知子『「三国志「その後」の真実―英雄たちの後伝』（ＳＢクリエイティブ、二〇一六年）です。読みやすさを考慮して、諸葛亮までの「三国志」のまとめをつけ、仙石先生のお力を拝借して『三国志演義』にまとまる以前の「三国志」の「その後」を補足しました。それでも、わかりにくさが改善されたとは言いがたく、難しいことをやさしく伝えることは難しい、ということを実感した次第です。

それは仕方がない、ということで了解ねがいます。ここまでのわたしの貴族制研究では、貴族の存立基盤としての文化とは何かを解明する課題が残りました。

文化の具体像については、時代の変革者である曹操から再び話が始まります。

四学三教

三国時代の名士を承けた「貴族」の文化は、「四学三教《しがくさんきょう》」と総称されます。四学とは、儒学・玄学《げんがく》（老荘思想）・史学・文学、三教とは、儒教・道教・仏教のことです。一目でわかるように、四学と三教のいずれにも、儒学・儒教と言葉は少し異なるものの、儒教が含まれています。

これは、「貴族」の文化のなかで、儒教が最も高く評価されたことを示しません。儒教にのみ精通しているものは、「貴族」からは卑しまれていたからです。

しかし、「貴族」が人としての根本の徳と儒教が位置づける孝を踏み外すと、「士」の階層から追放されます。儒教は、「貴族」が身につけるべき基礎教養なのです。それすらない者は、「士」の階層から追放されますが、それしか持っていない者は、卓越して「貴族」となることはできないのです。

「貴族」が尊重したことは、儒教を基礎として身につけたうえで、なるべく多くの文化に兼通することでした。

東晉の王羲之《おうぎし》は、四学三教のうち仏教を除いたすべてに通じたうえで、書《しょ》という文化を卓越性を得るための切り札として持っています。文化を専有する者こそが、あるべき「貴族」なのです。

王羲之は、国家的身分制である貴族制においても一流の貴族でした。王羲之の場合には、「貴族」としての資格を満たすものが、国家からも貴族とされているので、問題は生じません。

とはいえ、すべての貴族が「貴族」として文化の専有者であるわけでも、「貴族」が国家から一流の貴族と認定されたわけでもありません。貴族は、五等爵制による皇帝権力との近接性により定められるからです。

そこで、文化資本を存立基盤とする「貴族」に対して、君主権力は、その存立基盤である文化を君主権力に収斂しようとしていきます。

それは曹操による「文学」の宣揚が始まりです。曹操の革新性がここにも輝きます。曹操には、儒教の優越性を梃子《てこ》に文化的諸価値を専有する名士に対抗するために、新たなる文化的価値を創出して名士の文化を相対化する、もしくは、すべての価値を君主権力に収斂する、という二つの選択肢がありました。

曹操は前者を選び、そのための文化として「文学」を宣揚したのです。それは後漢「儒教国家」の中心に置かれた儒教に対抗する文化として「文学」が優れた特性を持っていたことに拠ります。

しかし、名士、そして「貴族」は、曹操が君主権力に収斂するために宣揚した「文学」を自らの文化にしていきます。もちろん、誰も彼もが「文学」の才能に恵まれたわけではありません。たとえば、それまで儒教しか学んでこなかった司馬懿は、あわてて作詩を学びました。

ところが、司馬懿はあまり文学的感性に恵まれなかったようで、夏休みの宿題のような詩が今日に伝わっています。

これに対して、曹操の文学的な才能を受け継いだ曹植、呉の陸遜の孫にあたる陸機《りくき》などは、優れた文学的な感性を持っていました。志を述べるものであった詩を、感情をうたう叙情詩へと変えていきます。

やがて、詩という文化を国家のもとに収斂したい唐は、科挙のなかに進士《しんじ》科という詩を試験する科目をつくり、詩により官僚を登用するに至ります。曹操の理想は、こうして実現していくのです。

司馬懿の悪口を書きましたが、わたし自身も文学的感性に恵まれず、文学の研究は難しいと感じています。

それでも、六朝学術学会でご一緒させていただいた大上《おおがみ》正美先生・安藤信廣《のぶひろ》先生・牧《まき》角悦子《ずみえつこ》先生などのご指導により、少しずつ文学への抵抗感がなくなっていきました。大上・安藤両先生については、函館時代に加賀栄治先生からよくお話をうかがっていました。

加賀先生が褒めていたと言えば、堀池信夫先生も同様です。わたしの「古典中国」論という儒教を中核とした中国の原基を考える課題に、大きな影響を与えてくださったのは、堀池先生です。

わたしの言う「古典中国」は、漢に成立して唐まで続くものです。その間に文学が儒教や政治との関わりのなかで、どのように展開したのかについては、『「古典中国」における文学と儒教』（汲古書院、二〇一五年）という研究書にまとめました。それを渡邉義浩『三国志―英雄たちと文学』（人文書院、二〇一五年）という一般書にしています。

また、いまでは文学の一部として研究されることの多い『捜神記』や『世説新語』が、当時は史書であったことや、「古典中国」における小説の位置などを考えた『「古典中国」における小説と儒教』（汲古書院、二〇一七年）という研究書もあります。

これらをまとめたころには、ご縁があって早稲田大学に奉職するようになっていました。東洋哲学コースという、津田左右吉《そうきち》を開祖とする伝統ある研究室です。

いまは、大学院生に刺激を受けながら、「古典中国」の展開や四学三教の具体的な内容の解明に努めています。

だいぶ、「三国志」から離れてしまいました。研究への視座をどのように構築してきたか、という第二章でご説明したかった目的も果たしましたので、章を改めて、これまで十分には触れられなかった「三国志」の諸相を見ていきましょう。

第三章　三国志の諸相と魅力

1. 関帝信仰

武神から財神へ

わたしがまだ大学院の一年生だったころ、師の野口に連れられて台湾に行きました。そこで初めてシャンツァイを食べ、あまりの違和感に箸を止めていると、師が山のように取り皿に盛ってくれ、以後シャンツァイが食べられず今日に至っています。

シャンツァイとともに思い出すのが、台湾の関帝廟で見た、人々の関羽への篤い信仰心です。廟近くの商店で関帝像を販売していたので、お土産に買って帰ろうと思いました。師が、「関帝は、力が強いし、お世話がたいへんだから持ち帰ってはいけない」と、いつもより怖い顔で言うので、残念ですが諦めました。

三国志では、武将として生涯を閉じた関羽が、なぜ神様として信仰されているのでしょうか。

関聖帝君《かんせいていくん》（関帝）として祭られている関羽は道教の神です。道教は、福（子宝）禄《ろく》（財産）寿（長生）を求める現世救済の多神教で、現在も華人社会で広く信仰されている中国の民俗宗教です。

ただし、関羽が最初に祭られた唐では、関羽は仏教の神でした。関羽終焉の地に近い玉泉寺《ぎょくせんじ》で、仏を守るための伽藍神《がらんじん》（日本の寺院で仏を守護する「〇〇天」と呼ばれているバラモン教系の神々と同じ）として祭られたのです。当時の関羽はまだ、無名の神のひとりにすぎませんでした。

関羽の地位が高まった宋では、武神として皇帝の崇拝を集めました。宋の皇帝たちは、北方民族に追い詰められたときほど関羽に高い称号を加え、宋への加護を求めたのです。

歴代の皇帝に受け継がれていく関羽への神号の授与は宋代から始まります。関羽信仰の広がりの背景には、『三国志演義』の源流となる「説三分《せつさんぶん》」と呼ばれる語り物の普及により、「三国志」が身近になっていたこともあります。

また、こののち関帝信仰を支えていく山西《さんせい》商人の間で、関羽への信仰が始まったことが普及に大きな影響を与えています。山西商人の信仰のなかで、関羽は財神となってい

関羽の神号

信仰の高まりとともに、神号の字数が増え、神位があがる

関羽の神号	王朝	皇帝	元号
忠恵公《ちゅうけいこう》	北宋《ほくそう》	徽宗《きそう》	崇寧《すうねい》年間
武安王《ぶあんおう》	北宋	徽宗	大観《たいかん》年間
義勇武安王《ぎゆうぶあんおう》	北宋	徽宗	宣和《せんわ》年間
壮繆義勇武安英済王《そうぼくぎゆうぶあんえいさいおう》	南《なん》宋	孝宗《こうそう》	淳熙《じゅんき》年間
顕霊義勇武安英済王《けんれいぎゆうぶあんえいさいおう》	元《げん》	文宗《ぶんそう》	天暦《てんれき》年間
壮繆義勇武安顕霊英済王《そうぼくぎゆうぶあんけんれいえいさいおう》	明《みん》	憲宗《けんそう》	成化《せいか》年間
三界伏魔大帝神威遠震天尊関聖帝君《さんかいふくまたいていしんいえんしんてんそんかんせいていくん》	明	熹宗《きそう》	天啓《てんけい》年間
忠義神武霊祐関聖大帝《ちゅうぎしんぶれいゆうかんせいたいてい》	清《しん》	高宗《こうそう》	乾隆《けんりゅう》年間
忠義神武霊祐仁勇関聖大帝《ちゅうぎしんぶれいゆうじんゆうかんせいたいてい》	清	仁宗《じんそう》	嘉慶《かけい》年間
忠義神武霊祐仁勇威顕関聖大帝《ちゅうぎしんぶれいゆうじんゆういけんかんせいたいてい》	清	宣宗《せんそう》	道光《どうこう》年間

くのです。

「敵に塩を贈る」という言葉があるように、日本でも塩は貴重品でした。大陸国家の中国では、塩の採れる場所は、より一層限定されます。塩の専売は、前漢の武帝期より、早くも始まっていました。

宋代の専売方法は、塩の生産・運搬・販売を国家が行う権塩法《かくえんほう》から、やがて塩を払い下げるときに徴税し、後は商人に任せる通商法へと移行しました。

しかも、北方民族との戦いが絶えなかった宋は、塩の専売を国境での軍需品納入に利用したのです。

塩商は、銀や銅銭、兵糧や馬草を国境や

京師に納入して、塩引《えんいん》と呼ばれる販売許可証を受領します。これを生産地に持参して塩を受け取って販売することにより、巨大な商圏を持つに至ります。

山西商人は、その担い手として成長しました。首都と国境の中間に位置する最大の塩生産地である解池《かいち》の塩を扱ったことが理由です。宋の財政の八割は軍事費に充《あ》てられ、税収入の五割を塩税が占めました。それを一手に取り扱った山西商人は、莫大な財を築きあげたのです。

関羽が山西商人の守護神であったからこそ、宋は戦いに際して祈りを捧げ続けました。こうして関羽は、国家からは国を守る武神として、商人からは塩池を守る財神として祭られることになったのです。

孔子と並ぶ最高の神

明の中期以降、山西商人は、国境地帯の軍事物資の納入に加え、塩法の改革にともなって中国経済の中心地である揚州《ようしゅう》など長江流域に進出します。

山西商人は、新安《しんあん》商人と並ぶ二大商業勢力に成長しました。

その結果、山西商人の守護神である関羽の信仰は、ますます広範に浸透し、明代に編纂された『三国志演義』の古い版本のなかには、関羽死去の場面をあえて描かないものも現れました。『源氏物語』で光源氏の死が描かれないことと同じです。

あるいは、青龍偃月刀《せいりゅうえんげつとう》が池に沈むことや、関羽の愛馬である赤兎馬《せきとば》が死去することで、関羽の死を象徴させる版本も残っています。

明代の関帝信仰を継承した清代には、関帝は全能の神となり、孔子と並ぶ国家の最高神として位置づけられました。雍正《ようせい》八（一七三〇）年、雍正帝は各地の関帝廟を「武廟《ぶびょう》」と呼ぶように命じ、孔子の「文廟《ぶんびょう》」と並立させたのです。

ここに関羽は、孔子と並ぶ聖人となりました。洛陽にある関羽の墓を「関林《かんりん》」と呼ぶのは、孔子の墓を「孔林《こうりん》」と呼ぶことと同じです。こうして清代には、中国の津々浦々にまで関帝廟が建てられるようになったのです。

少数の満州族によって中国を支配する清は、軍事的にはモンゴルの協力を受け、経済的には歴史的・地理的に密接な関係にあった山西商人を政商として用いることで、中国を支配しました。清の外征には、山西商人が兵糧を納入し、政府の経済政策の遂行にも積極的に寄与したのです。

山西商人には諸種の特権が与えられました。とくに利潤の大きい地域の塩販売の独占権のほか、清の官金が貸与され、その莫大な資本の運用によって、山西商人は巨大な利益を得ていました。

山西商人の守護神である関帝は、清でも国家のために戦い続けます。清代の軍事報告書には、「赤い顔の長い髯《ひげ》の神が降りてきて、清軍を守ってくれたために勝利を収めた」としばしば記されています。

また、関帝廟そのものも賊軍を破るために活躍しました。清代末期のこと、賊と戦っていた清軍は、暗闇にまぎれて攻撃してくる賊に苦戦を強いられていました。すると、近くの関帝廟が突然、燃え上がったというのです。真昼のような明るさのなか、清軍は賊を殲滅《せんめつ》することができました。

関帝廟に行ってみると、廟宇は焼け落ちていましたが、そのなかに鎮座する関帝像は、煤《すす》ひとつ被らず端然としていました。人々は、関帝が自らの廟を燃やして清軍を助けてくれたことに感謝して、新しい廟を建立したといいます。

山西商人を媒介に明清帝国の守護神となった関羽は、武神や財神としての性格を超え、全知全能の神として深く信仰を集めていったのです。

義で結ばれるネットワーク

山西商人と明清帝国とが癒着するために、関帝信仰を利用したのであれば、その信仰はアヘン戦争以降の山西商人の衰退や清の滅亡とともに終焉を迎えたはずです。

ところが関帝は、現在でも華人社会の中核となり、信仰を集め続けています。これは、関帝という神格が、華人社会の価値観の中心となる内容を持っていることを意味します。

それが「義」です。

すでに三国時代において、関羽は曹操から「義」を称えられていました。その理由は、曹操がいくら優遇しても劉備への「忠心」を棄てなかったことに求められます。『三国志演義』の完成版である清の毛宗崗本は、関羽を「義絶」（これ以上ない義の人、ちなみに諸葛亮は智絶、曹操は奸絶とされ、演義はこの「三絶」を描くための小説であるとされる）と位置づけ、その義を強調することに努めています。

そのなかで最も有名な場面が「義釈曹操《ぎしゃくそうそう》」（義もて曹操を釈《はな》つ）です。

関羽は、赤壁で敗れた曹操を圧倒的な兵力で待ち伏せながら、かつて受けた恩義のために見逃してしまい、悄然と首を垂れて帰ってきます。見逃した場合には首を取られてもよい、と諸葛亮に約束していたためです。自分の命が取られても、それが敵であっても、受けた恩義には必ず報いる「義」の人、それが関羽なのでした。

「義」は、相互の信頼が最も大切な商人にとって、価値観の中心に置くべきものでした。関帝が信仰された普遍的な理由はここにあります。

明代の中期、揚州などに進出した山西商人は、異郷におけるコミュニティの中核に関帝を置きました。関帝廟に共有財産を持たせ、商売に失敗して困窮した者に元手を貸し、両親を失った子供に奨学金を与えました。関帝廟は、信仰の紐帯であるばかりでなく、異郷で暮らす山西商人の相互扶助組織なのでした。横浜の華人も、現在の中華街に居住を始める際に、最初に関帝廟を建てています。

異郷において商人を支えるものは人的ネットワークです。しかし、中核がないネットワークはもろいものです。関羽の「義」に篤い生きざまは、商人として守るべき規範を与えました。

山西商人は、商圏を拡大するときに、守護神たる関帝に縋《すが》り、成功すれば廟を造って祭祀を行います。関帝廟をかれらのネットワークの拠点としたのです。「義」と「信」に基づく人的ネットワークは中国一円に広がり、華人の進出に呼応して海外にも建設されているのです。

2. 建安文学

毛沢東も高く評価した曹操の詩

わたしは今、東京書籍から高校の漢文の教科書を出しています。こっそりと三国志の内容を増やそうとしていますが、曹操の詩を載せることは、まだできていません。

毛沢東も高く評価したにもかかわらず教科書に載せられないのは、曹操の詩（正確には歌）が、詩の主流である叙情詩ではないためです。

とはいえ、曹操の詩が理解できなければ、曹操の志を理解できません。曹操の詩は志をうたいあげたものだからです。

後漢末の建安《けんあん》年間（一九六～二二〇年）は、中国史上はじめて「文学」の価値が、国家により宣揚された時代でした。曹操のサロンを中心に生まれた文学活動を「建安文学」と呼びます。建安文学の主唱者は曹操、『孫子』に注を付けるほど兵法に通じた時代の英雄は、自らの志を高らかに詩に詠いました。ただし、そうした曹操の営為は、『尚書』堯典に、「詩は志を言う」と述べられる儒教の伝統の影響下にありました。

曹操は、自らの志を表現する形式として楽府《がふ》（楽曲の歌詞）を選びました。楽府とは、前漢の武帝の創設した上林楽府《がくふ》（上林は地名、楽府《がくふ》は楽団）が、音楽史上革新的な業績を挙げ、後世の宮中音楽のあり方を規定したことに因《ちな》む言葉です。

曹操の詩は、みんなで唱和することもある歌なのです。曹操は、たとえば後漢の衰退を挽歌《ばんか》（柩《ひつぎ》を載せた車を挽《ひ》く人たちがうたう悲しみの歌）の悲しいメロディーに載せて、次のように詠います。

薤露行《かいろこう》　　**魏武帝**

惟漢廿二世　惟《おも》うに漢の廿二《にじゅうに》世
所任誠不良　任ずる所　誠に良からず
沐猴而冠帯　沐猴《もくこう》にして冠帯《かんたい》し

知小而謀彊
猶豫不敢断
因狩執君王
白虹為貫日
己亦先受殃
賊臣持国柄
殺主滅宇京
蕩覆帝基業
宗廟以燔喪
播越西遷移
号泣而且行
瞻彼洛城郭
微子為哀傷

知小にして謀彊《はかりごとつよ》し
猶豫《ゆうよ》して敢《あ》えて断ぜず
狩に因《よ》りて君王を執《と》る
白虹《はくこう》為《ため》に日を貫き
己《おのれ》も亦た先ず殃《わざわい》を受く
賊臣　国柄《こくへい》を持し
主を殺し宇京《うけい》を滅ぼす
帝の基業を蕩覆《とうふく》し
宗廟《そうびょう》以《もっ》て燔《や》き喪《ほろ》ぼさる
播越《はえつ》して西に遷り移るもの
号泣し而《しこう》して且《か》つ行く
彼《か》の洛城《らくじょう》の郭《かく》を瞻《み》れば
微子《びし》　為に哀傷《あいしょう》せん

『楽府詩集《がふししゅう》』巻二十七　相和歌辞二

「漢の廿二世」とは霊帝《れいてい》、その「任ずる所」とは大将軍に任ぜられた外戚の何進《かしん》を指します。「沐猴」とは猿。猿が冠をかぶったようだ、と蔑まれた何進は、袁紹とともに宦官の誅滅を謀りながらも、逆に宦官に殺害されました。

「狩に因りて君王を執る」とは、混乱の最中《さなか》、宦官の張譲《ちょうじょう》とともに、霊帝の子少帝《しょうてい》が逃げまどい、董卓に保護されたことをいいます。「賊臣」董卓は権力を握ると、「主」の少帝を初平《しょへい》元（一九〇）年正月に弑殺《しいさつ》しました。

すると、二月「白虹」が「日を貫」いた、と『後漢書』本紀九　献帝紀《けんていき》も記しています。白い虹が太陽を貫くことは、君主が危害を受ける象徴でした。少帝を廃して献帝を立てた董卓は、「宇京」洛陽を破壊して長安へと遷都します。

「微子」は殷《いん》の紂王《ちゅうおう》の庶兄。殷が滅亡したのち、廃墟となった都を見て「麦秀《ばくしゅう》」という詩を詠みました。曹操は自らを微子に準《なぞら》えることにより、洛陽の廃墟を見た哀傷を表現しているのです。漢はここに滅亡した、と。

このように、曹操の詩は高校の教科書に載っている叙情詩とは趣《おもむき》を異にします。「薤露行」は、曹操自らが生きた後漢末の叙事詩なのです。その混乱を治めた曹操を称え、後漢の終わりを告げるため、楽府は宴席で詠われました。曹操の楽府は、その覇権を称える頌歌《しょうか》（オード）なのです。

『三国志演義』では、赤壁の戦いの前に詠う有名な次の楽府も、演義が曲解するような不吉な歌などではなく、志を詠んだものです。

短歌行　其一　　魏武帝

対酒当歌　　酒に対《むか》えば当《まさ》に歌うべし
人生幾何　　人生　幾何《いくばく》ぞ
譬如朝露　　譬《たと》えば朝露《ちょうろ》の如《ごと》し
去日苦多　　去日《きょじつ》は苦《はなは》だ多し
慨当以慷　　慨《なげ》きては当《まさ》に以《もっ》て慷《いた》むべし
憂思難忘　　憂思《ゆうし》　忘れ難し

何以解憂
唯有杜康
青青子衿
悠悠我心
但為君故
沈吟至今
呦呦鹿鳴
食野之苹
我有嘉賓
鼓瑟吹笙
明明如月
何時可輟
憂従中来
不可断絶

何を以てか憂いを解かん
唯《た》だ杜康《とこう》 有るのみ
青青たる子《きみ》が衿《えり》
悠悠《ゆうゆう》たる我が心
但《た》だ君の為《ため》の故《ゆえ》に
沈吟《しんぎん》して今に至る
呦呦《ようよう》と鹿は鳴き
野の苹《よもぎ》を食《くら》う
我に嘉賓《かひん》有らば
瑟《ひつ》を鼓《こ》し笙《しょう》を吹かん
明明 月の如《ごと》きも
何《いずれ》の時にか輟《ひろ》う可き
憂いは中より来《きた》り
断絶す可《べ》からず

越陌度阡
枉用相存
契闊談讌
心念旧恩
月明星稀
烏鵲南飛
繞樹三匝
何枝可依
山不厭高
水不厭深
周公吐哺
天下帰心

陌《ひゃく》を越え阡《せん》を度《わた》り
枉《ま》げて用《もっ》て相《あい》　存せよ
契闊《けいかつ》して談讌《だんえん》し
心に旧恩を念《おも》わん
月　明らかに　星　稀《まれ》にして
烏鵲《うじゃく》　南に飛ぶ
樹《き》を繞《めぐ》ること三匝《めぐ》り
何《いずれ》の枝にか依る可き
山は高きを厭《いと》わず
水は深きを厭わず
周公　哺《ほ》を吐きて
天下　心を帰せり

『楽府詩集』巻三十　相和歌辞五

「短歌」は本来、人の力ではどうすることもできない寿命の短さを嘆く楽府です。朝露を人生のはかなさの象徴とすることは、建安文学に先行する「古詩十九首《こしじゅうきゅうしゅ》」にも見えます。

その憂いを解くものは、「杜康」しかない。杜康は酒の神、転じて酒そのものをいいます。

「古詩十九首」は、朝露から人生のはかなさに沈潜していきます。曹操は、従来の主題を踏襲しながらもふたつの『詩経』を典拠に、はかない人生だからこそ人材を登用して世を正していくべきであるという、運命を乗り越えていく志《こころざし》を述べます。ここに、この詩の力強さがあります。

典拠のなかで日本人に馴染みのある字句は、鹿鳴《ろくめい》でしょう。外国からの賓客を招く館を「鹿鳴」と名付けたのは、『詩経』小雅《しょうが》 鹿鳴を典拠としています。

明治時代の日本人は、この言葉が儒教経典の『詩経』を典拠とすることがわかったのです。日本における漢学のレベルの高さがうかがえます。

明治の日本人でさえわかったのですから、当然、この歌を聞いた後漢末の名士たちは、

「呦呦と鹿は鳴き」からの四句が『詩経』鹿鳴からの引用だと気づきます。鹿鳴は、周王や諸侯が賓客を歓待したことを歌っているので、曹操が人材を歓待する典拠として『詩経』を引用したことを理解できたのです。

さらには、最後の二句「周公　哺を吐きて　天下　心を帰せり」は、『韓詩外伝《かんしがいでん》』巻三を典拠とする、天下の人材を懸命に登用しようとした周公の故事を踏まえています。すなわち、この楽府は、冒頭で述べたような、人生の儚《はかな》さや酒の効用を主題としているのではなく、曹操が積極的な人材登用を行うという施政方針、あるいは曹操の志を歌った作品なのです。

曹操の巧みさは、まったく新しい文化を創造するのではなく、名士の存立基盤である名声の価値の根底に置かれた儒教を踏まえながら、文学を宣揚したところにあります。その結果、名士たちは文学を無視できませんでした。また、文学の価値基準は主観的です。価値を宣揚した曹操の基準により優劣が判断されるのです。

しかも道教や仏教のように、君主とは別に教主や道観《どうかん》・寺院が権威を持つこともありません。文学という価値の特性を熟知した利用法といえるでしょう。

情を述べる

李白・杜甫が現れるまで中国最高の詩人と評された曹植は、父の曹操が志を叙事詩に詠ったことに対して、自覚的に虚構を用いながら、叙情を表現していきました。

野田黄雀行《やでんこうじゃくこう》　**曹植**

高樹多非風
海水揚其波
利剣不在掌
結友何須多
不見籬間雀
見鷂自投羅
羅家得雀喜

高樹《こうじゅ》　非風《ひふう》多く
海水　其の波を揚《あ》ぐ
利剣　掌《て》に在《あ》らずんば
結友《けつゆう》　何ぞ多きを須《もち》いん
見ずや　籬間《りかん》の雀《すずめ》
鷂《たか》を見て自ら羅《あみ》に投ず
羅《あみ》する家《ひと》は雀を得て喜び

少年見雀悲
抜剣捎羅網
黄雀得飛飛
飛飛摩蒼天
来下謝少年

少年は雀を見て悲しむ
剣を抜きて羅網《らもう》を捎《はら》えば
黄雀《こうじゃく》　飛び飛ぶを得たり
飛び飛びて蒼天《そうてん》を摩《ま》し
来たり下りて少年に謝す

『曹子建集』巻二

高い木に吹きつける暴風と、大海に沸《わ》き立つ波。鋭い剣で網を切り払い、捕まった雀を逃がしてやる少年。網を逃れて大空高く舞い上がり、礫《つぶて》のように飛び下りて少年に礼をいう雀。しかしながら少年は、雀を逃がしてやることはできません。利剣は掌《て》にはないからです。

なぜなら、少年とは夏侯尚《かこうしょう》、雀とは曹植の即位を画策して捕らえられた丁儀《ていぎ》、自らの即位後、網をかけて丁儀を殺した家人《かじん》とは曹丕だからです。このように解釈するか、否かで文学の方法論は別れます。

文学の虚構性を重視する近代文学では、虚構であるところに、この詩の価値を求めます。そのため、このような解釈を排除します。

これに対して、伝統的な中国の解釈を継承する黄節《こうせつ》という学者は、『三国志』陳思王《ちんしおう》伝注引『魏略』にある記事を解釈の論拠にしています。曹丕が丁儀を自殺させようとした際、丁儀が夏侯尚に命乞いをしたにもかかわらず、救えなかった、というものです。黄節は、雀を丁儀に、少年を夏侯尚に擬《ぎ》しています。網をかけて丁儀を殺した家人はもちろん曹丕となります。

ここでは、詩は現実の反映として、曹植と兄曹丕との対立のなかで解釈されています。すなわち、曹植の虚構は承認されていません。曹植という作者の生きる現実が、そのまま詩に反映していると理解するのです。こう読むと、曹操の叙事詩に近くなります。

後漢末では、詩には現実の反映こそを見るべきであって、叙情のための表現を優越させることはないという儒教的文学観が主流でした。それゆえ、曹植は「辞賦《じふ》は小道」（文学はくだらないもの）と述べざるを得ませんでした。

ところが曹植は、詩や賦をあえて「小道」とすることで、そこに虚構を盛り込み、叙情を表現することを可能にしたのです。こうして哀傷を主題とする曹植の詩や賦は、文学の叙情化に画期的な役割を果たしていくことになります。

言志から縁情へ

叙情の表現を優先して、虚構を組み込む曹植の文学意識の自覚を継承した者は、孫呉が滅亡したのち、西晉に仕えた陸機《りくき》でした。

陸機は「文賦《ぶんのふ》」を著し、儒教的な文学理論である「詩言志《しげんし》」（詩は志をあらわすもの）に「詩縁情《しえんじょう》」（詩は情に寄り添うもの）を対置して、叙情詩を表現する方法論を示しました。

陸機は、文学の対象として十種の文体を取りあげ、それぞれの創作法を提示するなかで、「詩は情をもとにして美しいもの」と述べ、儒教的文学観を代表する「詩は志を言うもの」から訣別したのです。詩はここに、叙情的要素を大きく発展させる契機を得ることになったのです。

また陸機は、文章の効用は、すべての「理《り》」がそれによって表現されることにある、と述べています。儒教を貫く真理である「理」、それを成り立たせる文章は、時間と空間を超えて不滅の価値を持つと考えたのです。魏晉における思想史の新たなる展開を象徴する「理」は、儒教と同様、文学をも貫いている、と陸機は認識していました。

ここでは文学は儒教に従属せず、同格に位置づけられています。儒教的文学観から文学そのものの価値の自立を宣言した、と位置づけるに相応しい「文章効用論《ぶんしょうこうようろん》」（文学は何のために存在するのかを考える議論）といえるでしょう。

こうして、文は、政治の賛美と批判を目的とした「美刺《びし》」説（美は賛美、刺は批判）に基づく儒教的な文学効用論を離れ、文そのもののなかに理を帰納させるものへと昇華していきました。

すなわち、陸機の美刺から衆理《しゅうり》へという効用論の展開は、現実政治の批判から、理の表現として文学自身の価値を自立させる宣言なのです。

自立を宣言された文学は、唐における科挙の進士《しんじ》科のような規定力を持つに至る道を歩み始めていきます。

3. 鄭玄と王粛

鄭玄墓を訪ねて

文学をはじめとする中国のすべての文化に、圧倒的な影響力を及ぼしているものこそ儒教です。その力は、儒教からの自立が、それぞれの文化のスタートラインとなるほど圧倒的でした。

中国近代文学の祖である魯迅は『狂人日記』のなかで、「儒教が人を食い殺してきた」と、儒教の影響力の大きさを表現しています。

孔子が始めた儒教において、孔子以外に重要な儒者をふたり挙げよ、と言われれば、わたしは、後漢末の鄭玄《じょうげん》（一二七～二〇〇年）と南宋の朱熹《しゅき》（一一三〇～一二〇〇年）を挙げます。奇《く》しくも、千年の時を経て誕生した鄭玄と朱熹こそ、孔子以来最大の儒家でした。

朱熹は、日本の江戸時代に官学とされた朱子学《しゅしがく》の祖なので、日本でもよく知られています。

これに対して、官渡《かんと》の戦いの際、袁紹に軍師として招かれ、官渡に赴く途中で死去した鄭玄については、日本では研究している人も少なく、あまり有名ではありません。

ところが、袁紹は長男の袁譚《えんたん》を派遣してまで鄭玄を官渡に招こうとしました。それほどまでに、後漢末における鄭玄の権威は大きかったのです。

のちに曹魏の明帝が官学に定める鄭玄学がわからなければ、三国時代の文化を理解することはできません。少なくとも、鄭玄への反発から生まれた荊州学を修めた諸葛亮を知ることはできないのです。

昨年、その数少ない鄭玄研究者である池田秀三先生と連れだって、鄭玄の故郷である高密《こうみつ》に出かけました。雨男のわたしとしてはめずらしく晴天で、鄭玄に歓迎されていると思うことにしました。ガイドさんがあらかじめ連絡してくれたので、鄭玄の子孫の方に出迎えていただき、一族にしか見せないという鄭公祠《ていこうし》の中までご案内していただきました。

鄭玄を祭った鄭公祠（高密）

　ガイドさんは、子孫の方に池田先生を「経学大師《けいがくたいし》」であると紹介しました。すると、地元の方や観光客のみなさんが、写真を一緒に撮ってほしいと先生を取り囲み、なかには拝んでいる人までいました。

　たしかに先生は白いあごひげをはやし、どう見ても只者ではありません。それでも、高密の人たちが共有する学問や知識人への敬意は、遠い昔の鄭玄のエピソードを思い起こさせ、印象に残りました。

　黄巾の乱のとき、黄巾は鄭玄を尊重して、鄭玄の居る村を攻撃しなかったのです。一方で、鄭玄の六天説の中には、黄巾の思想への対抗が見られます。

鄭公祠の近くには大きなダムがあり、鄭玄はそこで神としてダムを見守っているのだ、と子孫の方にうかがいました。鄭玄は今も故郷で敬愛されているのです。

漢代訓詁学の集大成

儒教一尊の後漢を受けた三国は、文学や玄学など多様な文化に価値が見出されていく時代です。それらの根底には、あらゆる学問の基礎となる儒教がありました。

蜀漢を滅ぼした鍾会《しょうかい》は、四歳で『孝経《こうきょう》』、七歳で『論語《ろんご》』、八歳で『詩経』、十歳で『尚書』、十一歳で『易経《えききょう》』、十二歳で『春秋左氏伝』と『国語』、十三歳で『周礼《しゅらい》』と『礼記』、十四歳で父の鍾繇《しょうよう》が著した『易記《えきき》』を暗唱し、十五歳で太学《たいがく》（国立大学）に入学しています。幼年期に学問の基礎として四書五経を暗唱し終えているのです。

古典を修めていく際に、難解な語句を説明するだけではなく、経書の解釈を通じて、自らの思想を表白するものが「注」です。注をつける古典解釈学を訓詁学《くんこがく》といいます。

鄭玄は、訓詁学の大成者でした。

たとえば「温故知新《おんこちしん》」という四字熟語があります。わたしは、小学生のとき「温」を「温《たず》ねて」と読むことが不思議でした。

この言葉は、『論語』為政《いせい》篇に、「子曰く、『故《ふる》きを温《たず》ねて新しきを知る、以て師と為《な》る可し』と」とあることに基づきます。ここでの「温」を「尋」と解釈すると、「すでに学んだ古典をたずね、新たなる知見を得る」という意味になるのです。

つまり、さまざまな書物から知識を得て、その繰り返しにより真理に近づくという思想の表現となります。注は、朱子学の主知主義やベーコンの経験論的な方法を、解釈を通じて示しているのです。

一方、「温《あたた》めて」と解釈すると、思想内容は変わってきます。古典で学んだ知識を自分のなかで「温め」、心のなかに真理を見出していくという意味になります。陽明学の心即理《しんそくり》やデカルトの合理論的な思想に近い読み方といえます。

訓詁学は、文字の意味を一字ごとに定めていく学問ですが、このように解釈を通じて自らの思想を表出するものなのです。

中国古典を学ぶようになってから、「温《あたた》めて」という解釈もあることを知りました。

それでは、小学生のときに「温《あたた》めて」と読むと不正解とされたのはなぜなのでしょう。

それは、鄭玄が「温《たず》ねて」と読んでいるからなのです。後漢末に現れた大学者鄭玄の影響力が決定的だったという証左です。

ちなみに、今の東京書籍の小学校の教科書では、「温《あたた》めて」という読みが使われています。「温」を温《たず》ねてと読むのは、かなり難しい読み方といえます。

体系的な経典解釈

鄭玄の経典《けいてん》解釈の特徴は、壮大にして緻密な体系性の高さにあります。

儒教経典には多くの種類があり、漢ではひとつの経典がさらに細分化されていました。経典は、第一に今文《きんぶん》と古文というテキストの文字の違いにより大別されます。

今文経典は、口承で伝えられてきた経典とその解釈が漢代に書き留められたもので、隷書《れいしょ》という漢代の文字（今文）で書かれています。

これに対して、古文経典は、発掘などにより現れた漢以前の文字（古文）で書かれた経典とその解釈です。今古文は、単に文字が異なるだけではありません。『礼記』（今文）と『周礼』（古文）のように経典そのものが異なる礼、『春秋公羊伝』（今文）と『春秋左氏伝』（古文）のように経典を解釈する伝《でん》が異なる春秋、というように、経そのものからその解釈、そして主張も今文と古文では大きく異なっていました。

このうち、前漢を滅ぼした王莽が利用した古文は、後漢では退けられ、今文が官学として太学で教授されていました。

漢代の経典は第二にここで細分化されます。同じ『春秋公羊伝』でも、その師承関係により、公羊厳氏《げんし》春秋と公羊顔氏《がんし》春秋とに分かれるのです。

太学では、五経に十四の博士が置かれていました。博士は一経、しかもそのなかの一家専修であり、公羊厳氏春秋であれば、公羊厳氏春秋の解釈だけを教授しました。これでは学問も停滞します。

これに対して、在野の学となった古文学は、多くの経を兼修することにより、学問のレベルを高めていったのです。

鄭玄の体系性は、こうした兼修の風潮を極限にまで高めたところに生まれました。鄭玄は、古文のテキストを用いながら今文的な解釈を行ったのです。ただし、それだけでは互いに無関係に解釈されてきた経典をすべて円満に解釈することはできません。

経典相互の矛盾は時に鄭玄を苦しめました。体系性を守るため鄭玄の注は、現実から乖離し、饒舌となり、膨大なものとなりました。それでも鄭玄は、情熱的に経典の解釈を進め、訓詁学と呼ばれる漢代の経典解釈学を大成したのです。

荊州学と王粛

とはいえ、世は乱世でした。董卓のブレーンとなり、自己の抱負を実現しようとした大学者の蔡邕《さいよう》が、呂布と王允に殺されたとき、鄭玄は「漢の世は誰と共に正せばよいのか」と呻《うめ》きました。

このころから鄭玄の注は、観念の度合いを強めていきます。もともと、鄭玄は、漢の事例を引いて周の説明をするのが常でした。

また、漢を代表する儒者と位置づけられるためか、鄭玄の注には漢の現実が反映している、と考えられてきました。

ところが鄭玄は、現実の国家としての後漢を見放していました。鄭玄の注は、来るべき次の時代に備えて漢の価値観を集大成し、後世に伝えようとするものでした。それが鄭玄の経典解釈の体系性を生み、かつその議論を観念的にしていたのです。

鄭玄の注は、当時としては非常な速さで各地に伝わりました。漢の崩壊を目の当たりにして、新たなる体系的な価値観が待ち望まれていたのです。

鄭玄は「六天説」という独自の学説に基づいて、国家が交代する革命を正統化することに成功しました。

曹魏が二代目の明帝の時に、鄭玄学を官学にしたのは、司馬氏の台頭におびえながら、漢魏革命を鄭玄学説により正統化しようとしたためです。

一方、早く伝播したがゆえに、後漢末には鄭玄説への反発も始まっていました。それが諸葛亮も修めた荊州学です。

荊州学は、後漢末の荊州を支配した劉表《りゅうひょう》に仕えた宋忠《そうちゅう》を中心に、司馬徽《しばき》など在野の学者も含んで成立した新しい儒教です。

荊州学は鄭玄説への最初の異議申し立てであり、魏晉経学の先駆けともなりました。その内容は、『周礼』『儀礼』『礼記』の「三礼《さんらい》」、とりわけ『周礼』により諸経を体系化する鄭玄に対して、『春秋左氏伝』を中心に位置づけるところに特徴を持ちます。

また荊州学は、実践を尊ぶ後漢末の儒教の潮流を受け、儒教を「経世済民」（国家を経営し民を救うこと）に役立てることも重視していました。

司馬徽は、かれら自身を単なる学者とは峻別し、時務を識る「俊傑《しゅんけつ》」と位置づけました。その司馬徽から次代を担う名士との意味で、「臥龍」（まだ世に現れていない龍）と評価された者が諸葛亮なのです。

同学の者が経典の細かい解釈に夢中となったことに対し、諸葛亮は大まかな意味を知るに止《とど》めていました。重要なことは、経典の指し示す理想を実現することにあるのです。

諸葛亮と並び、「鳳雛《ほうすう》」（まだ世に飛び立たない鳳）と司馬徽に評された龐統《ほうとう》が、帝王の秘策を好んで論じたのもそのためでした。

諸葛亮も常に、自らを管仲《かんちゅう》（春秋時代に斉《せい》の桓公《かんこう》を輔《たす》けて最初の覇者とした）・楽毅《がくき》（戦国時代の燕《えん》の将軍で斉をほぼ征服した）に準《なぞら》え、宰相と将軍の才能をともに磨き、国家の経営を抱負としていました。

ただし、劉備を輔佐して蜀漢を建国し、曹魏への北伐の陣中に没した諸葛亮が国政を規定する儒教の経義を議論することはありませんでした。蜀漢の国制は後漢を継承していましたし、なによりも諸葛亮にはその暇《いとま》がなかったのです。

漢魏革命を起こして漢の国制を変更する必要のあった曹魏は、鄭玄の経典解釈に基づいて国制を定めました。第二代皇帝の明帝（曹叡）の時、後漢まで南郊《なんこう》（王城の南の郊外）で祭っていた天を、南郊と円丘《えんきゅう》（天を象徴する円形の祭壇）で祭ることにしたのです。

これを批判しながら反鄭玄の論陣を張り、鄭玄の解釈を批判する注を多くの経典に附したものが王粛《おうしゅく》でした。

王粛は、儒者として曹魏の司徒にまでなった王朗《おうろう》の子として順調に出世すると同時に、宋忠より学問を受けています。荊州学の中心である宋忠は、劉琮《りゅうそう》（劉表の次子）とともに曹魏に降伏していたのです。

荊州学の影響を受けた王粛は、曹魏が依拠する鄭玄説を批判する一方で、次第に台頭する司馬氏におもねります。

たしかに、それも諸葛亮とは違った意味で実践的な儒教ではあります。王肅の著書『孔子家語《こうしけご》』では、司馬懿の曹爽殺害、司馬師《し》の夏侯玄《かこうげん》誅殺・斉王《せいおう》曹芳の廃位が正当化されています。

儒教が漢で国教とされた大きな要因の一つは、現実政治を経典の解釈により正当化したことにありました。王肅は、そうした儒教の現実への適応性を強く継承していたのです。

天の祭祀をめぐる鄭玄と王肅の論争

天の子である天子にとって最も重要な祭祀は、天の祭祀です。後漢では、王莽が定めた「元始《げんし》の故事《こじ》」に基づいて天を祭っていました。ともに天を祭る場所として『周礼』に記される南郊と円丘を同じものと解釈して、天を祭っていたのです。

これに対して鄭玄は、南郊と円丘は別のものであるとします。そして、唯一の天の神とされてきた昊天上帝《こうてんじょうてい》と天帝とを区別しました。天帝は、蒼帝霊威仰《そうていれいいぎょう》・赤帝赤熛怒《せきていせきひょうど》・黄帝含枢紐《こうていがんすうちゅう》・白帝白招拒《はくていはくしょうきょ》・黒帝汁光紀《こくていじゅうこうき》の五天帝のことです。そして、昊天上帝を円丘で、五天帝を南郊で祭るという六天説《りくてんせつ》を立てました。

鄭玄はまた、革命を説明するために、王者の生まれる理由を五天帝に求める感生帝説《かんせいていせつ》を体系化しました。感生帝説とは、天命を受けた王朝の始祖は通常な出産ではなく、その母が異物に感じて帝王を孕《はら》むという考え方です。

『詩経』には、周《しゅう》の始祖后稷《こうしょく》は、母の姜嫄《きょうげん》が上帝の足跡の親指を踏んで妊《はら》んだ、という感生帝説が描かれます。周は五徳終始説《ごとくしゅうしせつ》（木→火→土→金《ごん》→水の五行の相生《そうしょう》により万物の移り変わりを説く）では木徳《もくとく》にあたるので、ここでの上帝は蒼帝霊威仰となります。

周も漢もその成立を説明する感生帝説には、五天帝が必要でした。鄭玄は、独特の『周礼』解釈により六天説を主張し、『詩経』のほか『尚書』や『春秋』にも見える感生帝説を体系的に説明して、『周礼』を中心とする経典の体系化を成し遂げています。

そのうえで鄭玄は、皇帝（あるいはその始祖）が五天帝より生まれたと説くことにより、天人相関説《てんじんそうかんせつ》（天の子である天子の政治に応じて、天が瑞祥や災異を下す）を実証すると共に、感生帝の交代により革命を正当化したのです。

この結果、皇帝権力には神秘的な正統性が付与されます。鄭玄の六天説は、後漢で実際に行われていた南郊での天の祭祀を踏まえたものではなく、『周礼』を頂点とする経典の体系化により主張されたものでした。曹魏の明帝は、こうした神秘的な鄭玄説により天の祭祀を改革し、曹魏の皇帝権力の強化を目指したのです。

これに対して、明帝に仕えていた王粛は、感帝生説を否定して、鄭玄の六天説を批判しました。曹魏の皇帝は、黄龍の足跡などから生まれていないからです。王粛は、あくまでも「理」に基づき、経典を解釈しようとしたのです。

実際に、天を祭る場所が南郊と円丘の二カ所にあるよりも、南郊＝円丘とする王粛の解釈に従い、後漢と同じように一カ所で天の祭祀を行ったほうが効率的でした。

そこで、王粛の娘の子である司馬炎は、曹魏を滅ぼして西晉を建国すると、鄭玄説を否定し、王粛説に基づいて天を祭りました。南郊と円丘は、西晉では再び一つとなりました。

鄭玄から王粛へと経典の解釈が展開されることで、儒教は漢代に持っていた神秘性や宗教性を徐々に失い、合理性へと近づいていきます。

しかし、唐代に編纂された『五経正義《ごきょうせいぎ》』では、鄭玄の注が多く採用され、王肅の注は散逸しました。鄭玄注の体系性の高さが、王肅注の現実性を上回ったからです。

儒教は、やがて、神秘的・宗教的な呪縛から解放され、宋代以降の理を尊ぶ朱子学へと進んでいくことになります。その歩みは、ゆったりとしたものになったのです。

4. 邪馬台国

日本と司馬懿

日本に対する最古のまとまった記録として尊重される「魏志倭人伝」とは、『三国志』巻三十 東夷伝 倭人の条のことです。

「魏志倭人伝」の読み方をめぐる論争で、わたしが最も気になったのは、国々の存在を記す距離や方向を現実の日本列島に当てはめ、ゆがめて解釈していることでした。

日本に関する記録であっても、日本のために書かれた記録ではないので、日本に都合よく読むのではなく、『三国志』の文脈の中で読むべきなのです。

そもそも中国の正史のなかで、異民族に関する記録として日本の記録が最も多い史書は『三国志』です。『三国志』は日本を特別視して記録を残しているのです。

なぜ、特別視したのか、そこから考えなければ、邪馬台国の真実に近づくことはできないでしょう。

特別視は、陳寿が仕えた西晉の建国者である司馬炎の祖父、司馬懿が遼東《りょうとう》半島を征服した結果として、朝貢《ちょうこう》した国が倭国であるという理由によります。朝貢とは、夷狄の君主が、中華の文徳に教化されて臣下となり、貢ぎ物を捧げて世界の支配者である中華の皇帝のもと、地域を支配する国王として封建されるために使者を派遣することです。

陳寿は、倭国を朝貢させた司馬懿を高く評価するため、あらゆる知識を動員して倭国を好意的に描いているのです。

あるいは、日本に関する本格的な記録は、諸葛亮の陣没により生まれた、と言ってもよいかもしれません。諸葛亮の北伐を防いだ司馬懿の勢力拡大を嫌い、曹魏の明帝が、洛陽の政局から遠ざけるため、司馬懿に遼東の公孫氏を討伐させたためです。

司馬懿が一年もかからずに公孫氏を滅ぼし、将来を嘱望されていた明帝が臨終の床に臥すころ、卑弥呼の使者は帯方郡《たいほう》（朝鮮半島の中部）から首都洛陽に向かっていました。

使者の難升米《なんしょうまい》と牛利《ぎゅうり》は、景初《けいしょ》三（二三九）年十二月に洛陽へ到着すると、明帝崩御の翌年正月、新皇帝曹芳に謁見します。曹芳は卑弥呼を「親魏倭王」に封建しましたが、それは司馬懿の功績を称えるためでした。『晉書』宣帝紀《せんていき》（司馬懿の本紀）は、倭国の朝貢を次のように記載しています。

正始《せいし》元（二四〇）年春正月、東倭《とうわ》が通訳を重ねて朝貢した。焉耆《えんき》・危須《きしゅ》の諸国、弱水《じゃくすい》より以南、鮮卑《せんぴ》の名王も、みな使者を派遣して（貢ぎ物を）献上に来た。天子（曹芳）はその美（徳）を宰輔《さいほ》（宰相である司馬懿）に帰し、また宣帝（司馬懿）の封邑《ほうゆう》（所領）を増した。

『晉書』宣帝紀

『晉書』は、曹魏の皇帝曹芳が、倭などの夷狄が司馬懿の徳を慕って朝貢したとして、司馬懿の封邑を増したことを伝えています。

卑弥呼の来貢は司馬懿の功績、これが司馬懿の孫司馬炎が建国した西晉の公式見解なのです。日本に関する最初の本格的な記録である「魏志倭人伝」は、諸葛亮の陣没による司馬懿の台頭と遼東遠征を契機に生まれたのです。

位置のからくり

「魏志倭人伝」は、史料的価値の最も高い部分を最後に置いています。すなわち、景初三（二三九）年に始まり正始八（二四七）年に至る、倭からの四回の朝貢と曹魏からの回賜《かいし》（朝貢に対して、中華の恩恵を示すため、多くの物品を賜与《しよ》すること）、および卑弥呼を親魏倭王に封建する制書の記述です。

そして、制書を与える倭とは、どのような国であるのかを説明するため、倭の構成とそこへの道程、地誌および政治体制が記されています。ここの記述内容には、使者の報告などに基づく事実の部分と、史家の持つ世界観や置かれた政治状況により著された理念の部分とがあります。両者を分けなければ、邪馬台国や卑弥呼の実態に迫ることはできません。

帯方郡から邪馬台国に至る方位と距離、国ごとの官名・戸数・概況が記載された倭の構成と道程をめぐっては、九州説と大和説に代表される邪馬台国の所在論争が展開されました。

帯方郡から一万二千里、会稽《かいけい》郡東冶《とうや》県の海上（北緯二十六度。沖縄本島あたり）にあるという記述をいくらこじつけても、九州にも大和にも着かないためです。「魏志倭人伝」の距離と方位は、邪馬台国を西方の大国大月氏国《だいげつしこく》に匹敵する、孫呉の背後に位置する大国として描かなければならない、という理由により理念化された記録なのです。

大月氏国は、この時代にはインド北部まで支配するクシャーナ朝の呼称であり、全盛期のカニシカ王が仏教を保護したことは、日本でも有名です。

ササン朝ペルシアの勃興に苦しむ波調《はちょう》王（ヴァースデーヴァ王、カニシカ王の孫）は、東方との連携を模索し、曹魏に朝貢しました。太和《たいわ》三（二二九）年十二月、明帝がこれを「親魏大月氏王」に封建するほど歓迎したのは、建興《けんこう》六（二二八）年から始まった諸葛亮の北伐が、西域の異民族を味方に付けつつ、涼州《りょうしゅう》を奪取することを基本戦略としていたためでした。

諸葛亮の北伐は、直接、長安・洛陽を攻めるものではなく、涼州を拠点として長安を目指すものでした。したがって、涼州の背後にあたる西域の異民族に、諸葛亮は積極的な外交攻勢をかけました。

3世紀前半の東アジア

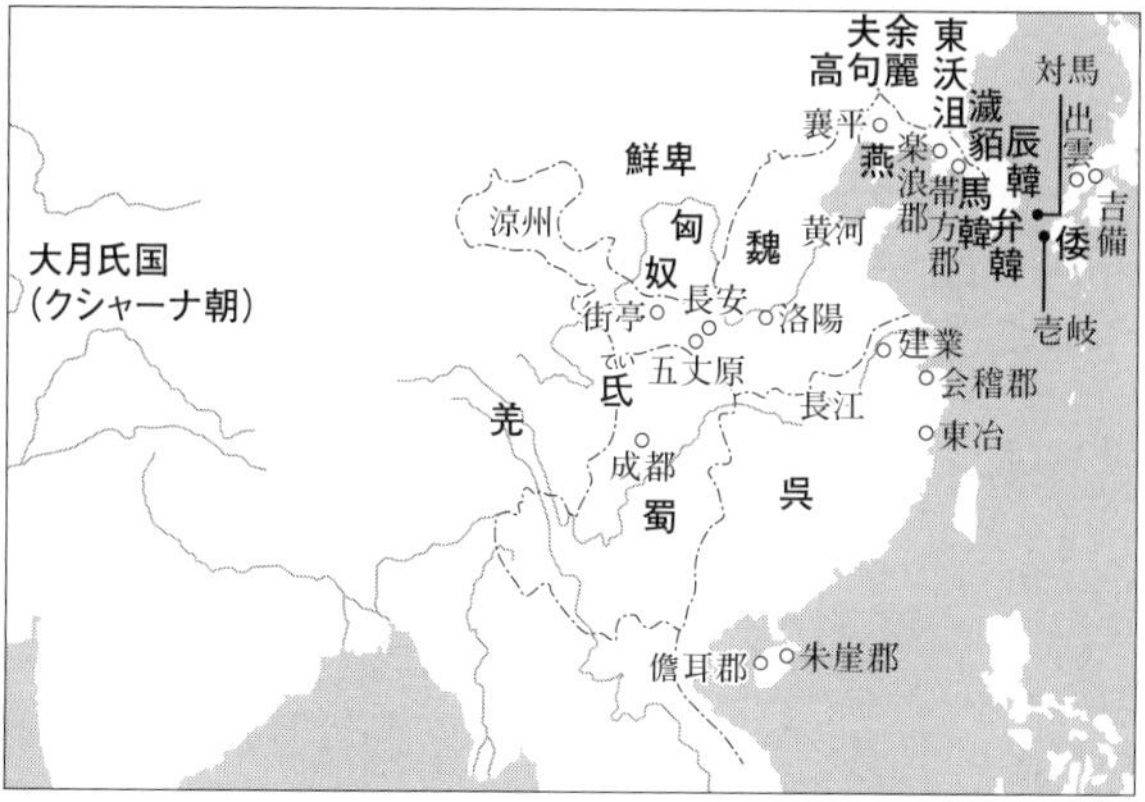

これに対して、諸葛亮と対峙していた曹真は、西域の背後にあたる中央アジアからインドを支配する大国の大月氏国を臣下とすることにより、西域諸国が蜀漢に味方することを難しくしました。

翌年、他に特筆すべき功績のない曹真が大司馬に昇進しているため、大月氏国の朝貢は、曹真の功績であったと考えられます。推論とならざるを得ないのは、『三国志』にはそれが記載されないためです。

明帝の死後、皇帝曹芳のもと、巨大な司馬懿の勢力を削減しようとしたのは、曹真の子曹爽でした。司馬懿が権力を確立するのは、曹爽一派を正始の政変で打倒した正始十（二四九）年のことです。

陳寿は、曹爽の父の功績を記録せざるを得なくなる西域伝を『三国志』に立てませんでした。

一方で、陳寿は、司馬懿に気を遣った曹芳が「親魏大月氏王」と同格の「親魏倭王」に封建した卑弥呼の国の記録を、異民族の中で最も多くの字数を使って好意的に記録しました。正史『三国志』は、西晋の正統性を示す史書でもあるのです。

虚構と真実

邪馬台国は、司馬懿が朝貢させた国です。その重要性は、曹真が朝貢させた大月氏国より上でなければなりません。この理念が、邪馬台国を会稽郡東冶県の東方海上という、孫呉の背後に位置づけさせました。

曹操は、赤壁の戦いという水戦で孫権に敗れています。それにもかかわらず、西晋が孫呉を滅ぼしたとき、孫呉は海上に逃れられませんでした。なぜなら、司馬懿が朝貢させた邪馬台国がその背後に存在するためであった、としたいのです。理念を強く帯びた記述と、事実の記載の混在するところが「魏志倭人伝」の読みにくさの理由なのです。たとえば、入墨（黥面《げいめん》・文身《ぶんしん》）から衣服・髪型・織物に始まり、鳥獣・兵器・衣食・葬儀・持衰《じさい》（航海の安全を祈る者）・占い・飲食・寿命・婚姻に至る倭の地誌が記される部分のうち、持衰は他の漢籍に記載がありません。これにより、報告書などに基づいた事実の記載であることがわかります。

これに対して、倭人の習俗として有名な黥面・文身（顔の入れ墨と身体の入れ墨）は、儒教経典に基づく理念の記述と考えられます。

当時の世界観を形成していた経典の一つ『礼記』王制篇には、東方の異民族である「夷」は身体に、南方の異民族である「蛮《ばん》」は額に、それぞれ入れ墨をしているとしています。倭は、孫呉の背後、つまり中国の東南に位置する異民族であるため、身体（東）と額（南）に入れ墨をしているべきなのです。

ちなみに『三国志』東夷伝「馬韓《ばかん》の条」には、男子が身体に入れ墨をしていると記述されています。韓族は東夷です。したがって、入れ墨は身体だけにあるべきなのです。

また倭は、七万余戸の邪馬台国をはじめ、記録された国々を合わせると約十五万戸から成る大国と記されています。遼東半島から朝鮮北部を支配した公孫氏が滅亡した際、接収された戸が四万であったことを考えますと、いかに大国として描かれているのかを理解できるでしょう。倭が、「戸十万」とされる大月氏国を上回る大国であることを示す必要性から生まれた理念の記述だからなのです。

さらに『後漢書』西域伝によれば、大月氏国は洛陽から一万六三七〇里の彼方にありました。儒教理念は、異民族が遠くから朝貢すればするほど、中華の君主の徳が高いとします。

邪馬台国が、洛陽から一万七〇〇〇里（洛陽から帯方郡が五〇〇〇里、帯方郡から邪馬台国が一万二〇〇〇里）の彼方にあるとされている理由です。

「魏志倭人伝」の記述は、すべてが事実に基づくわけではありません。そこには、卑弥呼が使者を派遣した当時の曹魏の内政・外交や史家の世界観に起因する、多くの偏向（ゆがんだ記述）が含まれているのです。

とはいえ倭人伝には、三世紀の日本の現実を直接見聞きした使者の報告書に基づく貴重な記述も含まれます。邪馬台国から曹魏への朝貢は、約十年間で四回にも及びます。平均すると約十八年に一回であった遣唐使のころに比べても、日本と中国が密接な関係を持っていたことがわかります。

曹魏と倭との関係は、諸葛亮の陣没により生まれました。諸葛亮と卑弥呼、互いにその存在を知ることがなかった同時代人は、陳寿の『三国志』によって結びついているのです。われわれ日本人は、「三国志」を通じて、古くから中国と密接な関わりを持っているのです。

おわりに

本書は、これまで自分がどのように「三国志」と向き合ってきたのかを示すことで、読者の方に新たな「三国志」の魅力を提示しつつ、これから「三国志」を研究しようと志す方の参考にもなればと思って著しました。

自分のことを記すのは恥ずかしいことです。まだまだ人生の来し方を振り返る歳でもないのですが、孫も産まれ名実ともにおじいちゃんとなりましたので、たまにはこうした本もよいのかな、とも思います。

つらつらと書きつらねていくと、今までとても多くの方々のおかげで研究を続けられてきたのだな、というあたり前の、それゆえ忘れがちな感想を得ることができました。

とりわけ、師の野口鐵郎先生には言い尽くせない恩義があります。中国の長沙から帰国したばかりなのですが、機中で草稿に目を落としつつ、先生とのやり取りのあれこれが浮かびました。乗り継ぎ地の広州で、漢方薬を買いましたので、お届けがてら久しぶりにお訪ねするといたしましょう。

最近、中学生や高校生に向けて本を書きたいと思うようになっています。早稲田佐賀学園の理事長として、中学生や高校生と接するようになったからかもしれません。遠い日、高校の教師になるべく東京教育大学を継承する筑波大学に入学したことも、改めて思い起こされます。

わたしはこれからも「三国志」を通じて、日本と中国との橋渡し役をつとめさせていただく所存でおります。

令和二年二月

渡邉義浩

三国志　研究家の知られざる狂熱

著者　渡邉義浩

2020年3月31日　初版発行

渡邉義浩（わたなべ よしひろ）
1962年東京生まれ。筑波大学大学院歴史・人類学研究科博士課程修了。文学博士。現在、早稲田大学理事・文学学術院教授。大隈記念早稲田佐賀学園理事長。三国志学会事務局長。専門は古典中国学。主な著書に、『始皇帝 中華統一の思想』（集英社新書）、『三国志 演義から正史、そして史実へ』（中公新書）、『人事の三国志』（朝日選書）、『三国志「その後」の真実』（SB新書、共著）など。

発行者　横内正昭
編集人　内田克弥
発行所　株式会社ワニブックス
〒150-8482
東京都渋谷区恵比寿4-4-9えびす大黒ビル
電話　03-5449-2711（代表）
　　　03-5449-2716（編集部）

カバーデザイン　小口翔平＋加瀬梓（tobufune）
ブックデザイン　橘田浩志（アティック）
編集協力　水谷洋子／山田泰造（コンセプト21）
協力　株式会社光プロダクション
　　　岡谷信明（株式会社潮出版社）
校正　玄冬書林
編集　内田克弥（ワニブックス）

印刷所　凸版印刷株式会社
DTP　株式会社 三協美術
製本所　ナショナル製本

ISBN 978-4-8470-6638-2
ワニブックスHP　http://www.wani.co.jp/
WANI BOOKOUT　http://www.wanibookout.com/
WANIBOOKS NEWSCRUNCH　https://wanibooks-newscrunch.com/